Vegan Basics

Alles, was man braucht, um ohne tierische Produkte gut zu kochen

Cornelia Schinharl

DIE GU-QUALITÄTS-GARANTIE

Wir möchten Ihnen mit den Informationen und Anregungen in diesem Buch das Leben erleichtern und Sie inspirieren, Neues auszuprobieren. Bei jedem unserer Bücher achten wir auf Aktualität und stellen höchste Ansprüche an Inhalt, Optik und Ausstattung. Alle Rezepte und Informationen werden von unseren Autoren gewissenhaft erstellt und von unseren Redakteuren sorgfältig ausgewählt und mehrfach geprüft. Deshalb bieten wir Ihnen eine 100 %ige Qualitätsgarantie.

Darauf können Sie sich verlassen:
Wir legen Wert darauf, dass unsere Kochbücher zuverlässig und inspirierend zugleich sind.
Wir garantieren:
- dreifach getestete Rezepte
- sicheres Gelingen durch Schritt-für-Schritt-Anleitungen und viele nützliche Tipps
- eine authentische Rezept-Fotografie

Wir möchten für Sie immer besser werden:
Sollten wir mit diesem Buch Ihre Erwartungen nicht erfüllen, lassen Sie es uns bitte wissen! Nehmen Sie einfach Kontakt zu unserem Leserservice auf. Sie erhalten von uns kostenlos einen Ratgeber zum gleichen oder ähnlichen Thema. Die Kontaktdaten unseres Leserservice finden Sie am Ende dieses Buches.

GRÄFE UND UNZER VERLAG
Der erste Ratgeberverlag – seit 1722.

Vegan Basics
Inhalt

Basic Know-how

Basic Rezepte

Vegan kochen – kinderleicht

Einfach mal nichts vom Tier essen. Klingt doch eigentlich ganz simpel, dachten wir am Anfang. War es dann aber doch nicht. »Nichts vom Tier« heißt ja schließlich auch: keine Milch, keine Eier, keinen Käse und noch nicht einmal Honig. Da geht's uns an die Gewohnheit. Und das haben wir ja manchmal doch nicht so gern …

Aber dann, nach den ersten Koch-Erfahrungen, ist es irgendwie doch einfach geworden, hat es immer mehr Spaß gemacht. Und wir haben Dinge herausgefunden, die wir nicht vermutet hatten. Dass der gebratene Reis ohne Ei irgendwie viel feiner schmeckt. Und die Pizza gar keinen Käse braucht. Dass alles so pur und rein auf den Teller kommt und zudem angenehm leicht ist.

Und gerade weil uns das alles richtig gut gefallen hat, haben wir uns entschlossen, ganz aufs Nachahmen zu verzichten: keinen Hackbraten aus Soja und auch keine Carbonara mit Räuchertofu, was es so oft in der veganen Küche gibt. Wir haben den Räuchertofu lieber mal als Carpaccio ausprobiert oder in ein Sandwich gepackt und aus dem Soja ein Ragout mit ganz viel Gemüse gekocht. Nicht das Alte zu bewahren und nachzuahmen versucht, sondern das Neue ausprobiert.

Dann nehmen wir nämlich nicht nur nichts vom Tier, sondern sind ganz nebenbei auch noch so natürlich wie möglich. Denn wir finden: Ganz egal, ob man Veganer, Vegetarier oder Allesesser ist – was wir essen, sollte erkennbar sein und bleiben.

Das ist immer wieder spannend, es schmeckt und es tut richtig gut! Dann mal los: vegan kochen – und zwar ganz einfach!

Know-how

Wir gehen einkaufen

Wo bekomme ich jetzt alles fürs vegane Kochen? Ist doch bestimmt kompliziert! Falsch gedacht. Das meiste finden wir einfach im Laden um die Ecke.

In jedem größeren Supermarkt gibt es inzwischen Tofu und Sojadrink zu kaufen. Linsen, Getreide und Nüsse findet man da sowieso, genauso wie Gemüse, Früchte, Pasta ohne Ei, und Schokolade, die auch fürs vegane Kochen taugt.

Wer es ein bisschen raffinierter haben möchte und einen Reis-Kokos-Drink bevorzugt statt den aus Sojabohnen, das spezielle Mus aus geschälten Mandeln oder eine Auswahl an verschiedenen Tofusorten, der muss allerdings schon in den Bioladen. Aber auch den hat ja fast jeder in erreichbarer Nähe. Und vieles kann man auch auf Vorrat kaufen. Oder im Internet bestellen.

Bio oder nicht?

Ein Skandälchen dort, eines da. Und schon kommen die Skeptiker in Fahrt und verkünden, wie wenig »Bio« bringt und wie unsicher es ist. Aber schwarze Schafe gibt es doch überall – eben auch unter den Biobauern solche, die vor allem an den Profit denken.

Wir lassen uns aber nicht davon abbringen: Wir finden »Bio« gut. Und noch besser kleine Produzenten, die ihr Gemüse vom Bauernhof in der Nähe anbieten, ob auf dem Markt oder im (Bio-)Laden. Das wird nämlich reif geerntet und hat deshalb reichlich Vitamine und Mineralstoffe intus und dazu auch noch kurze Transportwege hinter sich. Kommt es vom Öko-Landwirt, hat es natürlich wenig Schadstoffe im Gepäck, weil der weitgehend auf chemische oder synthetisch erzeugte Spritzmittel verzichtet und auch keine gentechnisch veränderten Samen verwendet.

Ganz nebenbei ernährt man sich auf diese Weise saisongerecht und bekommt vieles aus dem Freiland. Das hat ein weiteres Zusatzplus: Nitratreiches Gemüse wie Salat und Blattgemüse, aber auch Radieschen, Rettich und Rhabarber enthalten weniger Nitrat, wenn sie viel Sonnenlicht abbekommen und gut ausgereift sind.

Wer die Möglichkeit hat, sollte also regional angebautes Gemüse und Obst der Saison kaufen, zum Beispiel auf dem Wochenmarkt. Wer keinen in der Nähe hat, geht im Internet auf die Suche nach einem Bio-Kisten-Anbieter. Dort bekommt man inzwischen fast alles – und das sogar noch ganz bequem ins Haus geliefert.

Das grüne Siegel

Pflicht ist es nicht, aber viele Anbieter drucken es mittlerweile freiwillig auf ihre Verpackungen: schon um ihre Produkte für jeden als vegan oder vegetarisch erkennbar zu machen. Ein grüner, zu einem »V« geformter Halm auf gelbem Grund ist das Label der Europäischen Vegetarier-Union für Lebensmittel, die keine tierischen Zutaten wie Kälberlab oder Gelatine enthalten. Vegan sind diese allerdings nicht zwangsläufig. Deshalb steht auf veganen Produkten im Label zusätzlich »vegan«. Oder die Hersteller haben gleich etwas ganz Eigenes erfunden! Einfach mal danach Ausschau halten.

Achtung, Kleingedrucktes!

Wer kommt schon auf die Idee, dass in zartknusprigen Grissini statt Olivenöl Schweineschmalz steckt? Oder dass die Margarine nicht ausschließlich aus Pflanzen gemacht wird? Oder sich in der Currypaste Fischsauce verbirgt? Alles möglich, wissen wir inzwischen. Da hilft nur eins: Die Brille mitnehmen (manchmal müsste es fast eine Lupe sein, so winzig sind die Buchstaben) und die Zutatenliste genau studieren. Außer man hat einen veganen Laden in der Nähe. Da ist »tierfrei« garantiert!

Der gute Einkauf

Frisches
Gemüse und Obst am allerbesten möglichst frisch besorgen, beides verliert bei längerem Lagern nämlich schnell Geschmack und auch manche Inhaltsstoffe. Zu bekommen auf dem Wochenmarkt, im Gemüseladen des Vertrauens, im Bioladen mit wirklich frischem und regionalem Angebot, aus der Biokiste. Und Sprossen gibt's auch im Bioladen oder aus der Kiste.

Würziges
Alle Gewürze im gut sortierten Gewürzladen kaufen, wo man auch nach der Herkunft fragen kann. Und zudem gesichert ist, dass dort so viel verkauft wird, dass das Würzige auch noch würzig ist und sich das Aroma durch das Lagern nicht verflüchtigt hat. Kräuter gibt's auf dem Wochenmarkt oder noch besser aus dem Topf von der Fensterbank oder vom Balkon.

Veganes für den Kurzzeit-Vorrat
Tofu (auch Räuchertofu) und eventuell Lupinenfilets oder Seitan können im Kühlschrank einige Zeit gelagert werden. Am besten alles im Bioladen kaufen, weil es dort einfach die größte Auswahl gibt.

Veganes für den Langzeit-Vorrat
Hülsenfrüchte (z. B. Linsen, Bohnen, Kichererbsen), Amaranth, Couscous, Polenta, Quinoa, verschiedene Pastasorten und Glasnudeln, Seitan-Fix oder Seitan im Glas, Nussmus und Nüsse, diverse Milchalternativen, Kokosmilch, Currypaste, Sojasauce (am besten Tamari), Miso und Schokolade ebenfalls im Bioladen besorgen. Und zwar in größeren Mengen, damit der Vorrat gesichert ist und nicht zu oft Nachschub benötigt wird.

Ingwer
Pesto
Trockenfrüchte
Kräuter
Zitrone
Sprossen
Avocado
Frühlingszwiebeln
Nüsse & Kerne

17 vegane Lieblinge: die Basics fürs Feinmachen

Ingwer

Wann haben wir den eigentlich kennengelernt? Beim Inder im Curry? Oder doch beim Chinesen in der Suppe? Und als Tee gab es ihn auch zu trinken. Weil er nicht nur ein Gewürz ist, sondern auch ein Heilmittel, das das Immunsystem stärken soll, etwa wenn eine Erkältung im Anmarsch ist. Und gut für die Verdauung soll er auch sein. Eins ist dabei immer klar: Frisch muss der Ingwer sein, als Pulver kommt uns der nicht ins Haus! **Ideen:** in das Pesto reiben • mit Margarine gemischt aufs Brot streichen • in feinen Streifen vorm Servieren auf Suppe, Asia-Reis oder -Nudeln streuen.

Pesto

Ein Dauerbrenner, der niemals langweilig wird. Vielleicht auch, weil es nicht mehr nur das ligurische Original mit Basilikum und Pinienkernen gibt, sondern auch sehr feine Pasten mit Bärlauch, Petersilie, Oliven, getrockneten Tomaten und vielem, vielem mehr. Selbst gemacht auch mal mit Rucola, Zitronenmelisse oder Koriander, mit Kürbiskernen, Sonnenblumenkernen oder Haselnüssen probieren. Und für Veganer natürlich immer ohne Käse. **Ideen:** auf knusprige Brotscheiben streichen • in die Salatsauce rühren • gut zu Tomaten • unter die Suppe mischen • zu gegrilltem Gemüse essen.

Trockenfrüchte

Fruchtsüße, Vitamine, Eiweiß, Mineralstoffe und Geschmack – alles in geballter Form. Zum Naschen, zum Mitnehmen und zum Kochen. Zu Hause sollte es immer einen Vorrat geben, am liebsten Feigen, Datteln, Aprikosen und Cranberrys. Am besten aus dem Bioladen und immer ungeschwefelt. **Ideen:** Datteln und Orangen mit Zwiebeln als Salat oder ohne Zwiebeln und gesüßt als Dessert • frischer Sauerkrautsalat mit Feigen • schön scharfe Tomatensuppe mit Datteln • Datteln oder Feigen mit Gemüse und Chili • Trockenfrüchte mit Schokoüberzug • Cranberrys im Smoothie oder Müsli.

Kräuter

Petersilie, Schnittlauch, Dill, Kresse, Rucola und Basilikum gehören bei uns mittlerweile zum Küchenstandard. Beim Rosmarin, Thymian und Salbei aus Italien wird es auch bald soweit sein, ebenso wie beim Koriander aus Asien. Und für ganz besondere Geschmackserlebnisse gönnen wir uns schon mal Brunnenkresse, Sauerampfer und Borretsch. Weiter so, sagen wir, weil Kräuter viel Geschmack und feine Frische bringen. **Ideen:** alle zarten Kräuter mischen und als Salat essen • gehackt über Suppen und Saucen streuen • in die Marinade für Tofu und Gemüse mischen • Pesto daraus machen, auch mal nicht nur mit Basilikum.

Zitrone

Ohne die geht bei uns in der Küche gar nichts! Mindestens eine Zitrone sollte daheim sein, am liebsten bio, damit auch die Schale mitverwendet werden kann. Diese macht das Essen angenehm säuerlich und hat dazu viel Aroma. Für asiatische Würze darf es gerne auch mal eine Limette sein, deren Säure eine fast süßliche Note hat. **Ideen:** Saft statt Essig in Salatsaucen • Saft oder Schale in cremigen Saucen und unbedingt zu Kokosmilch • Zitronenscheiben in der Suppe mitkochen • Zitronenschale im Gemüseragout • Saft und Schale zu Hülsenfrüchten • Zitronenschale mit Zucker gemischt über Früchte streuen.

Sprossen

Ein neues Pflänzchen wollen sie werden. Einleuchtend, dass die Samen alles mobilisieren, was sie haben, wenn sie zu keimen beginnen. Und diese geballte Kraft kriegen dann wir, wenn wir sie über Salat oder Brot streuen. Dazu einen zarten Geschmack und sogar im Winter viele Vitamine und Mineralstoffe. Die Alfalfasprosse hat extra viel zu bieten und wurde deshalb zur Königin der Sprossen gekürt! **Ideen:** auf den Salat oder die Suppe streuen • mit in ein Sandwich packen • übers Wokgemüse geben oder auch ganz kurz mitgaren • in den Brotteig mischen • mit Seidentofu und Kräutern gemischt zu Kartoffeln servieren.

Avocado

Die hat's in sich: bis zu 30 % (gesundes) Fett, weshalb sie auch Butterfrucht heißt. Dazu B-Vitamine, Vitamin E und die Mineralstoffe Eisen, Kalzium, Kalium. Die butterartige Konsistenz des reifen Fruchtfleischs macht sie fein als Creme. Geerntet werden Avocados unreif, sie reifen später nach. Einfach so lang liegen lassen, bis sie auf Druck nachgeben. Besonders gut: die mit der dunklen warzigen Schale. **Ideen:** als Creme mit Kräutern und Zitrone auf dem Brot • als Salat mit Tomaten, Koriander und Chili • als Creme mit Ahornsirup, Zitronenschale und -saft mit Früchten zum Dessert.

Frühlingszwiebeln

Irgendwie eine Mischung aus Zwiebel und Schnittlauch. Herrlich frisch und auch roh ein Genuss. Vor allem im Grün haben sie eine Menge Geschmack und Frische. Wahrscheinlich greifen wir deshalb so gern zu ihnen, wenn es um die Zwiebel geht. Ganz besonders gern, wenn Frühlingszwiebeln am unteren Ende rot sind. **Ideen:** der Länge nach vierteln, braten und mit etwas Sojasauce würzen • im Ofen unter den heißen Grillschlangen mit Olivenöl und grobem Salz garen • mit getrockneten Tomaten und Kräutern auf Pizzateig legen • mit Safran und Ahornsirup schmoren.

Nüsse & Kerne

Lieblinge aller Couch-Potatoes? Futter für Studenten? Brainfood? Ja, sie sind für alles da, bieten sie doch viel Gutes, nämlich Geschmack und gesunde Inhaltsstoffe (sogar das Fett). Noch besser: Nüsse und Kerne sind in so vielen unterschiedlichen Sorten zu haben, dass es uns mit ihnen niemals langweilig wird. Übrigens: auch Maronen gehören dazu! **Ideen:** rösten, mit Salz und Chili mischen, über den Salat streuen • mit Kräutern püriert als Brotaufstrich • püriert mit frischen und getrockneten Tomaten als Dip für Gemüse • mit Zucker karamellisiert über Früchte gestreut.

17 vegane Lieblinge: die Basics fürs Feinmachen

Räuchertofu

Nein, wie Speck schmeckt er nicht. Über rauchendem Wacholderholz tankt aber auch er ein besonderes Aroma, und das hat es uns angetan. Weil es ihn würzig macht und angenehm fest. Am feinsten schmeckt er pur, aber es gibt ihn auch mit Algen oder Pilzen. Einfach mal ausprobieren. So oder so kann man ihn kalt und warm genießen. **Ideen:** mit Tomaten, Gurken oder Salat aufs Brot packen • in dünnen Scheiben auf den Salat legen • in kleinen Würfeln auf die Suppe streuen • mit Bratkartoffeln goldbraun braten • mit Tomate fein püriert auf das Brot streichen.

Öl-Aroma

Von Oliven kennen wir es aus dem Mittelmeerraum, von Sesamsamen aus Asien und von Kürbiskernen aus der Steiermark. Dann wagen wir uns doch mal an Haselnussöl oder Walnussöl, an Leinöl oder an Rapsöl. Und nehmen unseren Liebling Olivenöl nicht nur zum Braten, sondern auch als eine Art Gewürz. Einfach vor dem Essen drüberträufeln. **Ideen:** Sesamöl über Salate aus Glasnudeln und über asiatisches Wokgemüse tröpfeln • das Kürbiskernöl über Räuchertofu, gebratenen Kürbis und grüne Bohnen gießen • Haselnuss- oder Walnussöl über die Suppe löffeln.

Senf

Ihn gibt es mild, süß, scharf oder extrascharf mit fein geriebenem Meerrettich, cremig oder grobkörnig, ganz pur oder mit Feigen oder Kräutern aromatisiert. Aus den gelben und / oder braunen Senfsamen, die erst nach dem Zerkleinern und Einweichen ihre Schärfe hergeben, wird er hergestellt. Der, den man im Bioladen erhält, ist eigentlich immer vegan. **Ideen:** vor dem Braten auf Tofu, Seitan oder Gemüsescheiben streichen • Marinaden mit Senf, Kräutern und Zitronenschale mischen • Senf und Ahornsirup für Salatsauce nehmen • feincremige Saucen damit aromatisieren.

Frische Früchte

Sind in jeder Jahreszeit zu haben: Rhabarber und Erdbeeren im Frühling zum Aufwachen, Melonen im Sommer zum Erfrischen, Äpfel und Birnen im Herbst für den reifen, satten Geschmack und Orangen und Grapefruits im Winter fürs Immunsystem und das Gemüt! Allen gemeinsam: praktisch zum Mitnehmen und für zwischendurch, pur oder als schneller Smoothie. **Ideen:** Erdbeeren und Kräuter als Salat • mit Chili gewürztes Rhabarberkompott zu gebratenem Tofu • kleine Melonenschnitze im Salat • Melone als Smoothie oder Sorbet • ausgebackene Früchte mit (gemischten) Nüssen und Ahornsirup.

Chiliflocken

Was hat man sich früher Mühe gegeben, dass die Finger beim Zerkleinern von Chilis nicht genauso feurig-scharf wurden wie die Schote selber. Sehr, sehr unangenehm, wenn man sich dann damit die Augen gerieben haben. Wie ist es heute einfach mit Chiliflocken! Wir streuen sie ohne Berührungsängste in das Essen. Und bekommen sie im guten Gewürzladen sogar in mild-, mittel- und extrascharf! Übrigens auch gut zum Würzen: Harissa und Sambal oelek mit Chili als Basis. **Ideen:** 1 Prise in die heiße Schokolade • gibt jeder Sauce und Suppe Pepp • gerösteten Nüssen damit einheizen • Crostini mit Olivenöl, Salz und Chili.

Nuss- & Sesampaste

Früher gab's Erdnussbutter aufs Brot, was nichts anderes ist als Erdnussmus. Dann trat der Hummus, also Kichererbsenmus, in unser Leben. Und heute kaufen wir Pasten von Sesam, Haselnüssen, Erdnüssen und Mandeln (besonders edel: ganz weiß von gehäuteten Mandeln). Und bringen damit Cremigkeit ins Essleben und reichlich Aroma. Kleiner Tipp am Rande: die Pasten stets im Kühlschrank aufheben. **Ideen:** mit frischen Früchten unters Müsli rühren • mit Reisdrink und Zimt mixen • mit Kokosmilch und Chili zur Sauce rühren • mit Wasser vermischt als Sahneersatz verwenden.

Ahornsirup

Wer hat ihn entdeckt? Die Eichhörnchen waren's. Oder doch indianische Ureinwohner, die die Tierchen beim Sirupschlecken beobachtet haben? Heute kommt der Süßstoff mit dem besonderen Aroma vor allem aus Kanada zu uns. Und mit dem Klassiker »Pancakes mit Ahornsirup« haben uns die Amerikaner bekannt gemacht. Übrigens: Es gibt hellen milden Sirup und dunklen mit kräftigem Aroma. **Ideen:** mit Zitronensaft unter den Tee rühren • damit eine leichte Süße in Salatsaucen bringen • zartes Karamellaroma für Gemüse wie Möhren oder Knollensellerie beisteuern.

Sauerkraut

Die Witwe Bolte schwärmte davon und Seefahrer hatten es mit an Bord, als Skorbut-Prophylaxe. Wir wissen heute auch warum: Sauerkraut ist der absolute Spitzenreiter in Sachen Vitamin C und als milchsauer vergorenes Gemüse sehr gut für den Darm und ein Lieferant für etwas Vitamin B 12. Wie alle Vitamin-C-haltigen Lebensmittel mag auch Sauerkraut das Erhitzen nicht so gern. Deswegen öfter auch einmal roh essen! **Ideen:** als Salat mit Kümmel und Äpfeln oder mit Ananas und Ingwer • mit Roten Beten kurz gekocht als Suppe • eine Gabel davon als Zwischenverpflegung nehmen!

Eiweiß mal in anderer Form – Tofu & Co.

»Der schmeckt doch nach gar nichts!« Den Spruch können wir langsam nicht mehr hören, als ob ein Putenschnitzel ohne Gewürze viel mehr Geschmack hätte! Und hier ist eins sicher: Zäh und trocken werden Tofu und Partner nie!

Also, was die Leute in Asien, genauer gesagt in China, da vor rund 4000 Jahren erfunden haben – das ist gut, richtig gut. Und spannend außerdem. Was man damit alles anstellen kann: in Scheiben teilen oder in Würfel schneiden, zerkrümeln oder zerdrücken. Nur erwärmen oder braten, frittieren oder sogar grillen. Und das Ganze pur, mit mediterranem Touch oder asiatisch. Außerdem haben Sojabohnen & Co. einiges zu bieten: hochwertiges Eiweiß, ungesättigte Fettsäuren, B-Vitamine und die Mineralstoffe Eisen und Zink. Da kann man doch getrost auf Fleisch, Fisch und Milchprodukte verzichten.

Und so wird Tofu gemacht

Aus einer Art Milch, die durch das Pürieren und Auspressen von eingeweichten gelben Sojabohnen entsteht. Ähnlich wie bei der Käseherstellung wird diese »Milch« erhitzt und mit einem Gerinnungsmittel vermischt. Die »Milch« flockt aus, die festen Bestandteile werden in ein Sieb geschöpft und so lange gepresst, bis ein kompakter Block entsteht.
Das Herstellungsverfahren ist zwar immer ähnlich, aber Tofu ist nicht gleich Tofu. Einer schmeckt zart und mild und der andere hat eine leicht schwammige Konsistenz und eine säuerliche Note. Es lohnt sich, da ein bisschen herumzuprobieren, bis man seinen Lieblingstofu gefunden hat. Damit es nie mehr heißen muss: »Der schmeckt doch nach gar nichts!«

Zum Schluss noch einen TIPP für die Küchenpraxis: Wer nicht das ganze Tofustück auf einmal aufbraucht, kann den Rest bis zu einer Woche im Kühlschrank aufheben. Vorausgesetzt der Tofu ist komplett mit kaltem Wasser bedeckt, das man immer mal wieder wechseln sollte. Wenn's geht, jeden Tag!

Das mag Tofu

- ein kräftiges Würzmittel wie z. B. Chiliflocken oder Curry, Pfeffer oder Paprikapulver
- Marinieren (z. B. in purer Sojasauce oder kombiniert mit Ingwer, Zitronen- oder Limettenschale und eventuell Chili; in Olivenöl mit Knoblauch, Kräutern, Zitronensaft)
- eine schöne Kruste: Tofu bei starker Hitze braten und erst dann wenden, wenn er knusprig ist.

Einkaufs-TIPP

Tofu und Sojadrink gibt es außer in Bio- und Asialäden inzwischen in fast jedem Supermarkt. Wir empfehlen, Bio-Produkte zu kaufen. Nur bei denen kann man sicher sein, dass sie auch wirklich aus Sojabohnen hergestellt wurden, die aus gentechnikfreiem Saatgut entstanden sind.

Das gibt's auch noch

Mit verschiedensten bunten Aromen aufgepeppt ist **gewürzter Tofu**. Das Angebot wird immer größer und größer: Gemüsetofu, Tomatentofu (mit getrockneten Tomaten, Gewürzen, mediterranen Kräutern), Pilztofu, Nusstofu, Oliventofu, Algentofu, Currytofu ... Sie alle kann man kalt essen, aber genauso in Öl braten oder einer würzigen Sauce oder feinen Suppe warm machen. Eine rauchige Note hat **Räuchertofu**. Der gepresste Tofu wird dafür sanft geräuchert, meist über Wacholderholz. Es gibt ihn pur, aber auch mit Algen oder Pilzen gemischt. Räuchertofu schmeckt kalt, lässt sich aber auch braten, in einer Sauce erhitzen oder frittieren. Schön cremig ist **Seidentofu**, für den die »Milch« nach dem Gerinnen nicht gepresst, sondern nur kräftig durchgeschlagen wird. Er ist die richtige Wahl für würzige Cremes zu Kartoffeln oder Gemüse, aber auch für Suppen oder Desserts.

Tofu-Fakten-Check (pro 100 g)

Kalorien: 76 – 144
Eiweiß: 10,6 – 15,7 g
Fett: 4,5 – 8,7 g
Kohlenhydrate: ca. 0,6 g

Noch mehr Soja

Tempeh
Enthält noch mehr Eiweiß als Tofu und schmeckt richtig würzig mit einer leicht bitteren Note. Das Tempeh wird aus ganzen gekochten und zusammengepressten Sojabohnen hergestellt, die man mit einem Edelpilz impft und fermentiert. Goldbraun und knusprig gebraten oder frittiert schmeckt Tempeh am besten.

Sojagranulat
Für grobes oder feines Granulat wird Sojamehl entfettet und anschließend unter starkem Druck gepresst. Es enthält ebenso wie Tofu und Tempeh hochwertiges Eiweiß, Vitamine und Mineralstoffe und wenig Fett. Sojagranulat wird vor der Zubereitung gleichmäßig mit kochend heißer Flüssigkeit, am besten mit Gemüsebrühe, übergossen. Nach einer Quellzeit von ca. 15 Minuten hat sich sein Volumen fast verdreifacht.

Sojamehl
Das vollfette Mehl (es gibt auch entfettete Varianten) dient in der veganen Küche als Eiersatz: 1 EL Mehl mit 2 EL Wasser verrührt ersetzt 1 Ei.

Sojasauce
Die wichtige Würze der Asiaküche wird durch Fermentation aus Sojabohnen und Getreide (meist Weizen) und Wasser hergestellt. In den verschiedenen Saucen ist unterschiedlich viel Salz, also immer erst mal vorsichtig würzen. Am besten Tamari im Bioladen kaufen, die wird ohne chemische Hilfsmittel natürlich fermentiert.

Sojadrink & Co.
Die Nummer 1 beim Ersatz von Kuhmilch – und doch nicht jedermanns Sache, da Sojadrink etwas eigen und von Natur aus leicht süßlich schmeckt. Im Eiweißgehalt kommt der Sojadrink in etwa an Kuhmilch heran, hat aber weniger Fett und Null Cholesterin.
Drink heißt dieses Sojaprodukt, weil laut Gesetz ausschließlich Milch, die von Tieren (also z. B. Kühen oder Ziegen) stammt, auch so bezeichnet werden darf.
Beim Einkauf sollte man unbedingt darauf achten, dass der Sojadrink nicht zusätzlich gesüßt ist!
Außerdem auf Sojabasis zu haben: Joghurtähnliches, Sauerrahmähnliches, Frischkäseähnliches und Sahneähnliches. Bei der »Sojasahne« muss man ein bisschen genauer hinschauen: Eine Variante ist nur zum Kochen gut, die andere lässt sich – sehr gut gekühlt und mit der Hilfe von Sahnesteif – sogar (fast) steif schlagen.

Miso
Die beliebte japanische Würzpaste wird aus gedämpften Sojabohnen hergestellt, die mit einem Schimmelpilz geimpft und in Fässern vergoren werden. Je nach Sorte besteht das Miso nur aus Sojabohnen oder aus einer Mischung von Soja und Getreide, vor allem Reis oder Gerste.
Je nach Dauer der Reifung kann es hell und relativ mild, ja fast süß sein oder ganz dunkel und sehr kräftig im Geschmack. Am besten entscheidet man sich für ein mitteldunkles Miso. Das hält sich übrigens im Kühlschrank gut verschlossen viele Monate.

Noch mehr Eiweiß: Seitan und Lupine

Das eine wird aus Getreide hergestellt, das andere aus einer Hülsenfrucht. Beide sind in der Regel ganz in unserer Nähe »aufgewachsen« und derzeit noch eher Newcomer im veganen Leben.

Eiweiß aus dem Korn

Was schon vor vielen Jahrhunderten von chinesischen und japanischen Buddhisten als Fleischersatz erfunden wurde, bekam den Namen Seitan von Georges Ohsawa, der als Gründer der Makrobiotik gilt. Zusammengesetzt wurde Seitan aus »Sei« für »hergestellt« und »Tan« für »Protein«. Weizen oder Dinkel ist das Ausgangsprodukt. Das Getreide wird gemahlen und mit Wasser zu einem Teig vermischt. Den lässt man ruhen und knetet ihn dann nochmals mit Wasser – so lange, bis Stärke und Kleie nahezu ausgewaschen sind und hauptsächlich das Klebereiweiß übrig bleibt – als kompakter zäher Teig. Und der wird im Ganzen oder in beliebigen Formen traditionell in einem Sud mit Sojasauce, Kombu-Algen und Gewürzen wie etwa Ingwer gekocht.

In Hinblick auf Geschmack und Konsistenz ist Seitan dem Fleisch am ähnlichsten, in Punkto Eiweißlieferant kann er es allerdings mit Tofu und Lupino nicht ganz aufnehmen. Er hat zwar auch eine ganze Menge davon zu bieten, seine Aminosäuren können aber vom Körper nicht so gut verwertet werden.
Verkauft wird Seitan am Stück, in Streifen oder Würfeln, vakuumverpackt oder in einem Sud im Glas oder der Dose. Immer auf das Haltbarkeitsdatum achten und den Seitan nach dem Öffnen nicht länger als etwa eine Woche aufheben. Wie alle eiweißreichen Produkte verdirbt er nämlich rasch.
Auch beim Seitan schwanken die Konsistenz und der Geschmack von Hersteller zu Hersteller. Außerdem schmeckt der gekaufte Seitan zwar würzig und kräftig, aber immer nach Sojasauce. Wer Seitan sehr gerne isst, kann ihn ziemlich einfach selber machen und dabei mit den unterschiedlichsten Aromen experimentieren.

Und so geht's

150 g Weizengluten (das gibt's im veganen Supermarkt, Bioladen oder auch im Reformhaus fertig zu kaufen und heißt mal Seitan Fix, mal Glutenmehl) in einer Schüssel mit 1 TL Salz mischen.

150 ml kaltes Wasser zu dem Glutenmehl gießen und mit den Händen gut unterkneten. Man hat jetzt sehr schnell ein ziemliches zähes Gebilde in der Schüssel. Dieses einfach so lange weiterkneten, wie es geht, und zum Laib formen. Den Teiglaib ca. 15 Minuten auf dem Küchenbrett liegen lassen. Dann den Laib ganz lassen oder in Scheiben oder Würfel schneiden – je nachdem, was man nachher damit machen will.

Der Seitanteig muss nun noch gekocht werden. Und damit er dabei einen feinen Geschmack bekommt, macht man das am besten in einer schön kräftig angerührten Gemüsebrühe mit 2 Lorbeerblättern, 1 getrockneten Chilischote, 1 Stück Bio-Zitronenschale oder 1 Ingwerscheibe. Seitanlaib, -scheiben oder -würfel in die Brühe legen und bei mittlerer Hitze ca. 20 Minuten leise köcheln lassen. Dann rausheben, abtropfen und abkühlen lassen – und nach Belieben weiterverarbeiten!

Seitan-Fakten-Check (pro 100 g)

Kalorien: ca. 150
Eiweiß: ca. 28 g
Fett: ca. 2,5 g
Kohlenhydrate: ca. 2 g

Blaues Wunder: Lupine

Blau, weiß oder gelb sind die Blüten der Süßlupine. Die übrigens nicht so heißt, weil sie süß schmeckt, sondern weil sie sich bereits ganz gerne mit der Namensgebung abgrenzen will von ihren Urahnen, die bitter und sogar giftig waren.

Eigentlich hätten die kleinen, weißen Samen das Zeug zu echten Stars: Wie die Sojabohnen sind die Lupinen eiweißreiche Hülsenfrüchte – und zwar mit allen essenziellen und besonders hochwertigen Aminosäuren im Gepäck. Dazu liegen sie im Fettgehalt deutlich unter den Sojabohnen. Außerdem sind reichlich vorhanden: Carotinoide und Vitamin E, gut verwertbares Eisen und zahlreiche andere Mineralstoffe wie Kalium, Magnesium und Zink. Und: Die Lupine hat als einheimische Pflanze eine Top-Umweltbilanz.
Trotz all dieser Pluspunkte tut sie sich auf dem vegetarischen und veganen Markt bisher eher schwer. Manch eine Firma hat schon ein tofuähnliches Produkt aus Lupinen auf den Markt gebracht, und dann doch wieder aufgegeben. Vielleicht war damals die Zeit einfach noch nicht reif. Was sich durch das wachsende Interesse an Alternativen für Fleisch aber schon bald ändern könnte.

Heute bekommt man Produkte aus Lupinensamen fast nur in verarbeiteter Form als Geschnetzeltes, Schnitzel oder Filet. Dann enthält das Produkt neben Lupinen in der Regel Weizeneiweiß, Öl, Gemüse, Gewürze und Kräuter und ist manchmal zusätzlich paniert. Wer Glück hat, findet im Bioladen ein pures Produkt: die Lupinen-Seide. Diese ähnelt in der Konsistenz Seidentofu, kann also nicht gebraten, aber für Cremes und Aufstriche sowie für Suppen und Saucen verwendet werden.

Das mag Seitan

- Nur wenig Würze, denn davon hat er meist selber ziemlich reichlich.
- Kurzes und kräftiges Braten oder Grillen. Mit Gemüse oder einer Sauce oder auf einem feinen Salat serviert schmeckt er dann besonders gut.
- In Streifen geschnitten mit Gemüse im Wok braten.
- In Würfel oder Streifen geschnitten braten und mit einer feinen Sauce auf den Teller geben.
- Ganz fein gehackt oder auch durch den Fleischwolf gedreht als Pastasauce zubereiten.

Das mögen Lupinenprodukte

- Schnitzel oder Filet schön knusprig braten.
- Lupinen-Seide mit gehackten Kräutern und Gurken- oder Tomatenwürfeln verrühren – top zu Pellkartoffeln.
- Lupinen-Seide mit Fruchtpüree und Zucker oder Sirup mischen – ein schnelles Dessert.
- Lupinenmehl kann beim Brotbacken bis zu 15 % von Weizen- oder Dinkelmehl ersetzen. Macht das Brot noch lockerer und leicht gelblich.
- Lupinenmehl kann Eier ersetzen (wie auch Sojamehl): 1 EL Lupinenmehl mit 2 EL Wasser glatt verrühren und anstatt von 1 Ei verwenden.

Minis mal groß: Hülsenfrüchte und Getreide

Wir kennen sie: Hülsenfrüchte als Suppe und Salat oder ganz fein zerkleinert in den Falafel. Getreide gemahlen als Brot oder Pasta, als ganzes Korn in der Suppe, als Grieß oder Schrot. Und wir verraten Euch was: Beide sind unglaublich gesund!

Reichlich Ballaststoffe, Magnesium, Eisen und etliche Vitamine der B-Gruppe – und das alles bei gerade mal 3 % Fett – unser Getreide hat ernährungstechnisch echt was zu bieten!

Vom ganzen Korn bis zum Mehl

Alle Getreidearten lassen sich als ganzes Korn kochen, mit Gemüse und einer Sauce gemischt wird daraus ein feines Hauptgericht. Geschrotet (z. B. Bulgur) oder zu Grieß verarbeitet (z. B. Polenta und Couscous) ist es schneller gar und ideal als Beilage oder Salat.
Zu Mehl gemahlen wird es zu Teig für Brot, Pasta oder Pizza. Damit der Teig gut zusammenhält, muss man unbedingt Mehl mit Gluten (Klebereiweiß) verwenden. Viel davon haben Weizen, Dinkel und Kamut – die den größten Anteil im Teig ausmachen sollten. Geschmack und Abwechslung bringen aber Mehle aus anderen Getreidesorten wie Buchweizen, Roggen oder Mais – sie dürfen auf jeden Fall 15 % Anteil im Teig haben.

Neue Getreide-Freunde

Weizen, Roggen und Mais kennen wir mittlerweile wie unsere Westentaschen. Aber in letzter Zeit haben sich verstärkt ein paar neue Gesichter gezeigt, die ebenfalls nicht ohne sind!
Amaranth zum Beispiel. Er wird auch Aztekenkorn genannt und trumpft mit wesentlich mehr Eisen auf als alle Getreidearten, zu denen er übrigens gar nicht gehört. Außerdem hat er mehr Kalzium zu bieten als Milch, enthält wertvolle Fette und hochwertiges Eiweiß. Er hilft also in der veganen Ernährung, gleich ein paar Problemfelder abzudecken. Und schmeckt dazu auch noch gut: als Beilage zu Gemüse und Hülsenfrüchten, zu Bratlingen verarbeitet oder in der Suppe. Inzwischen wird Amaranth sogar auch hierzulande angebaut.
Oder **Quinoa**, die Samen einer Gemüseart. Es stammt wie Amaranth aus Südamerika, wo es eines der Hauptnahrungsmittel der Inkas war. Es gibt Quinoa in einer weißen, einer roten und einer schwarzen Variante. Es besitzt sehr hochwertiges Eiweiß und ist besonders reich an Magnesium, enthält aber auch Eisen und Zink. Quinoa schmeckt als Beilage oder Salat, aber auch als Bratling oder Gemüsefüllung.

Flüssiges Getreide

Immer größer wird das Angebot an Alternativen zu Kuhmilch. Gab es die früher vor allem aus Vollkornreis, bekommt man sie heute auch aus Hafer, Hirse, Dinkel, Roggen und Gerste.
Reisdrink ist mild und bekömmlich, frei von Gluten, Cholesterin und gesättigten Fettsäuren, hat allerdings auch sonst nicht viele Nährstoffe. Oft wird er deshalb mit Kalzium und Vitaminen angereichert. Eine schmackhafte Alternative ist Reis-Kokos-Drink. Die anderen

Getreidedrinks (z. B. Hafer- oder Dinkeldrink) haben neben Kohlenhydraten, hochwertigem Eiweiß und B-Vitaminen auch einige Mineralstoffe zu bieten. Und: Alle Drinks sind pur oder gesüßt sowie mit Vanille oder Schokolade aromatisiert zu haben.
Dazu dienen sie als Basis für eine cremige Variante, die Sahne ersetzen kann und meist den Zusatz »cuisine« auf der Packung trägt (z. B. aus Hafer, Dinkel und Reis).

Ein Hoch auf Hülsenfrüchte

Ballaststoffe, Mineralstoffe und Vitamine, dazu den höchsten Eiweißgehalt aller pflanzlichen Lebensmittel – das alles haben Hülsenfrüchte zu bieten. Bohnen zum Beispiel enthalten besonders viel Kalzium, Linsen und Erbsen Zink fürs Immunsystem. Außerdem warten alle Hülsenfrüchte mit reichlich Kalium zum Entwässern des Körpers und zum Senken des Blutdrucks auf sowie mit Magnesium für gut funktionierende Muskeln. Weniger ideal sind Hülsenfrüchte für alle, die an Gicht leiden oder erhöhte Harnsäurewerte haben. In Hülsenfrüchten sind nämlich ziemlich viele Purine enthalten, die im Körper zu Harnsäure umgebaut werden. In diesem Fall also seltener Hülsenfrüchte essen.

Die Hülsenfrüchte-Küchenpraxis

Selbst gekocht schmecken Hülsenfrüchte am besten, brauchen aber ihre Zeit: Die meisten werden nämlich schneller gar, wenn man sie vorher noch über Nacht oder gut 8 Stunden von Wasser bedeckt quellen lässt. Und beim Kochen – in frischem Wasser – spielt die Wasserqualität eine sehr große Rolle. Vor allem in Gegenden mit kalkhaltigem Wasser dauert es länger, bis die Samen weich werden.
Fürs spontane Kochen gibt es fertig gegarte Bohnen und Kichererbsen in der Dose oder im Glas. Da beide bei der Herstellung nur gesalzen werden, sind sie von den Inhaltsstoffen her gesehen durchaus mit selbst gekochten zu vergleichen. Allerdings landen die Hülsenfrüchte oft in recht weichem Zustand in Dose oder Glas und schmecken dann eher in der Suppe oder zur Paste püriert, als im Salat. Immer wichtig: Vor der Verwendung den dickflüssigen Saft, der sie umgibt, sehr gut unter fließendem kaltem Wasser abspülen.

Flüssige Hülsenfrüchte

Sojadrink und Alternativen zu saurer Sahne, Joghurt und Frischkäse aus Soja sind auf dem Markt erhältlich, mehr darüber steht auf Seite 13 und 144.

Quell- und Garzeiten

Getreideart	Einweichzeit	Garzeit
Amaranth	–	30 Min.
Buchweizen	–	15 – 20 Min.
Couscous	1 Std.	45 Min.
Getreidekörner (ganz; z. B. Roggen, Weizen, Hafer)	8 – 12 Std.	1 – 1½ Std.
Graupen / Rollgerste	–	45 – 60 Min.
Hirse	–	25 – 30 Min.
Polenta	–	40 Min.
Quinoa	–	15 Min.

Hülsenfrucht	Einweichzeit	Garzeit
Bohnen	8 Std.	1½ Std.
Erbsen (geschält)	–	1 Std.
Erbsen (ungeschält)	8 Std.	1½ Std.
Kichererbsen	8 Std.	1½ Std.
Linsen (braun, grün, schwarz)	–	35 – 50 Min
Linsen (rot, gelb)	–	15 – 20 Min.

TIPP: Gut kombiniert!

Bekommt der Körper Getreide und Hülsenfrüchte zusammen in einer Mahlzeit, kann er das Eiweiß aus beiden besser verwerten. Also am besten stets Brot, Nudeln, Reis oder andere Getreidekörner zu Hülsenfrüchten servieren.

Gut für kluge Köpfe: Nüsse und Kerne

Nicht von ungefähr heißen sie Studentenfutter. Schlau machen sollen die Kleinen. Weil sie Omega-3-Fettsäuren enthalten, die gut sind fürs Nervensystem und die die Lernfähigkeit unterstützen. Soll uns nur recht sein. Schmecken ja auch richtig gut!

Wenn man in ein Thema richtig tief einsteigen möchte, kann es gut sein, dass anfangs die Verwirrung groß ist. Wie zum Beispiel hier: Die Haselnuss gehört eigentlich zum Schalenobst und die Erdnuss zu den Hülsenfrüchten, die Mandel ist eine Steinfrucht. Puh, also damit halten wir uns gar nicht lange auf.
Viel interessanter ist: Nüsse und Kerne schmecken super. Und sind super gesund! Vor allem Fett, Eiweiß und Ballaststoffe, aber auch eine ganze Menge an Mineralstoffen wie Natrium, Kalium, Eisen, Phosphor und Magnesium haben die kleinen Kerlchen zu bieten. Und zudem noch eine Menge Vitamine, vor allem aus der B-Gruppe und Vitamin E.

Dass Nüsse und Kerne bei all den guten Sachen aber auch eine ganz schöne Portion Fett enthalten, hat ihnen lange Zeit einen schlechten Ruf eingetragen. Heute weiß man glücklicherweise viel mehr darüber und kennt die Zusammensetzung der Fette viel genauer. Der hohe Gehalt an einfach und mehrfach ungesättigten Fettsäuren hat einen günstigen Einfluss auf das Herz-Kreislauf-System, vor allem auf die Blutfettwerte. Diese Fettsäuren senken den Cholesterinspiegel und regeln den Stoffwechsel. Im Gegensatz zu gesättigten Fettsäuren aus tierischen Produkten sind die der Nüsse also positiv für die Gesundheit.

Das mögen Haselnuss & Co.

- Durch Rösten kommt ihr Aroma noch viel besser zur Geltung. In einer trockenen Pfanne bei mittlerer Hitze unter Rühren 1–2 Minuten rösten, bis sie fein duften. Für Knabbernüsse mit ein bisschen Salz und vielleicht 1 Prise Chiliflocken würzen. So oder auch pur abkühlen lassen und weiter verwenden.
- Besser im Ganzen kaufen und erst zu Hause hacken oder mahlen. Die fettreichen Nüsse und Samen sind nämlich nicht lange haltbar, das Fett wird mit der Zeit ranzig. Noch schneller geht das, wenn die Nüsse gemahlen oder gehackt sind.
- Auch mal als Öl verwenden: Superfein schmecken Haselnussöl aus gerösteten Nüssen, das aromatische Sesamöl, Walnussöl und das tiefgrüne Kürbiskernöl. Weil auch sie nicht lange haltbar sind, am besten im Kühlschrank lagern. Und möglichst kalt verwenden: für Salate oder zum Beträufeln des fertigen Gerichts, beim Erhitzen verlieren sie eine Menge Aroma!

Flüssige Nüsse

Aus gemahlenen gehäuteten Mandeln und Wasser, mal mit etwas Salz, mal mit etwas Süßem gemischt, wird der edle und nicht ganz billige **Mandeldrink** gewonnen. Den übrigens in Spanien und Portugal schon seit Jahrhunderten viele Leute gern mögen. Sein Geschmack ist mild und leicht nussig. Extra-Vorteil: Mandeldrink lässt sich mit dem Milchaufschäumer wunderbar schaumig aufschlagen, sodass er ein gutes Volumen erhält. Perfekt also für den veganen Cappuccino! Etwas stärker im Geschmack ist ein **Drink aus Haselnüssen**, der nach dem gleichen Prinzip hergestellt wird.
Und aus der asiatischen Küche nicht wegzudenken: **Kokosmilch**. Sie ist dickflüssig wie Sahne und wird nicht zum Trinken, sondern zum Kochen verwendet. Sie enthält relativ viel Fett, aber kein Cholesterin. Kokosmilch gibt es in großen und kleinen Dosen oder Tetrapaks sowohl im Asienladen und Supermarkt, als auch in Bio-Qualität im Naturkosthandel. Wichtig: Immer darauf achten, dass die Kokosmilch keine Zusätze wie Zucker oder Konservierungsstoffe enthält.

Aus Eigenproduktion: Mandeldrink und Kokosmilch

Für ca. 400 ml **Mandeldrink** benötigt man 100 g Mandeln ohne Haut. Weil die ziemlich teuer sind, wenn man sie so kauft, kann man Mandeln auch selbst häuten: einfach in eine Schüssel füllen und kochend heißes Wasser darüber gießen. Ein paar Minuten ziehen lassen, dann in ein Sieb abgießen und kalt abschrecken. Die Mandelkerne lassen sich jetzt recht einfach aus den Häuten drücken. Ein paar werden wahrscheinlich ein bisschen störrisch sein, dann muss man die Haut an einer Stelle mit dem Fingernagel anritzen und abziehen. Wenn dann immer noch ein bisschen Haut dranbleibt, macht das gar nichts.

Die Mandeln dann auf dem mit Backpapier ausgelegten Backblech ausbreiten (Bild 1) und im 150 Grad heißen Backofen ca. 15 Minuten trocknen und leicht backen (braun sollen sie aber nicht werden). Dann kommen die Mandeln wieder in die Schüssel und werden mit Wasser begossen. Mindestens 2 Stunden darin aufquellen lassen.

Anschließend die Mandeln wieder ins Sieb abgießen und mit 400 ml frischem Wasser in der Küchenmaschine 3 Minuten lang kräftig pürieren (Bild 2). Ein Küchentuch anfeuchten und in das Sieb legen, das Sieb über eine Schüssel hängen. Das Mandelpüree in das Sieb gießen. Das Küchentuch anheben und den Mandeldrink ablaufen lassen. Tuch dann kräftig zusammendrehen und so viel Flüssigkeit wie möglich aus dem Mandelpüree auspressen (Bild 3). Fertig ist die »Milch«. Sie hält sich jetzt gut 4 Tage im Kühlschrank.

Blitzversionen: Für einen fixen Mandeldrink einfach fertig gekauftes Mandelmus mit Wasser auf die gewünschte Konsistenz verdünnen. Für eine Sahnealternative entsprechend weniger Flüssigkeit nehmen.

Für ca. 200 ml **Kokosmilch** 100 g Kokosraspel in eine weite Schüssel geben, gut 200 ml kochend heißes Wasser darüber gießen und kräftig verrühren. Das Ganze 15 Minuten stehen lassen, dann wie den Mandeldrink durch ein mit einem Tuch ausgelegten Sieb in eine Schüssel laufen lassen und im Tuch gut ausdrücken. Die Konsistenz dieser Kokosmilch ist leicht dicklich und ideal zum Kochen. Wer sie als Trinkmilchersatz zubereiten möchte, nimmt besser ½ l kochendes Wasser.

Rezepte

Frühstück & Snacks

Frühstücken wie ein König oder das Ganze besser auf später verschieben? Zu Hause Kraft für den Tag tanken oder doch lieber was für unterwegs einpacken? Oder eine Kleinigkeit für die Pause im Büro mitnehmen? Alles ist möglich: mit Frischkornmüsli oder Mango-Kokos-Mus fürs gemütliche Frühstück daheim, mit einer heißen Chili-Schokolade oder einem Erdbeer-Melonen-Smoothie für den ganz kleinen Appetit, mit Sandwiches mit Räuchertofu und Gemüse für zwischendurch oder Paprikapaste als Belag fürs knusprige Brot ...

Was
ist eigentlich ...

vegane Margarine?

Margarine ist doch aus Pflanzen, also von Haus aus vegan!? Sollte man meinen, ist aber nicht immer so. Milch kann ebenso drin sein wie Fischöl und Rindertalg. Wer also sicher gehen möchte, kauft reine Pflanzenmargarine im Bioladen. Die wird in der Regel aus gehärteten Fetten und Ölen mit Sojalecithin als Emulgator, natürlichen Aromastoffen und Vitaminen hergestellt. Manchmal steht auch vegane Butter auf der Packung, enthalten ist aber ganz ähnliches. Außer es ist Tofubutter aus Tofu, Öl und Wasser. Und wer mag, macht die Margarine einfach selbst - im Internet gibt's Anleitungen dazu.

Vegan ist überall:

Italien

Neulich beim Italiener. Wir kommen rein und der Wirt bringt gerade eine Riesenplatte mit mariniertem Gemüse aus der Küche. Die haben wir uns natürlich gleich bestellt. Dazu gab`s Pizzabrot und ein paar Oliven. Einfach köstlich! Und dann hat er uns erzählt, dass seine Mama aus der Toskana gerade zu Besuch ist und Ribollita gekocht hat – eine Suppe aus weißen Bohnen, Brot und Grünkohl. Und darauf rohe rote Zwiebeln und etwas frisches Olivenöl. Super! Danach waren wir aber so satt, dass wir nur noch ein paar Früchte essen konnten. Hat irgendjemand gemerkt, dass das alles vegan war? Kein Thema! Ziemlich angenehm!

Unsere Lieblingssauce:

Tapenade

Auf knusprigem Brot als kleine Vorspeise oder zum Glas Wein ist sie super, aber auch mit frisch gekochter Pasta und ein paar Tomaten gemischt ein Gedicht.

Für schwarze Tapenade 150 g schwarze Oliven entsteinen und mit 50 g Kapern (in Salz konservierte, gut abspülen!), 1 EL Thymianblättchen oder 1 EL grob gehackter Petersilie und 5 EL Olivenöl im Mixer fein pürieren. Mit Pfeffer würzen (Salz haben die Kapern schon genug). In ein Schraubglas (ca. 250 ml) füllen und gut verschließen (Haltbarkeit: im Kühlschrank 2-4 Wochen) oder gleich essen.

Und für grüne Tapenade nimmt man grüne Oliven und mixt die mit Kapern, Petersilie, Öl und zusätzlich 50 g gehackten Mandeln. Mit Salz und Pfeffer würzen.

Wie schaut's aus mit ... Eiweiß?

0,8 g Eiweiß pro kg Körpergewicht täglich empfiehlt die Deutsche Gesellschaft für Ernährung. Das ist großzügig gerechnet und wird von den meisten sogar übertroffen. Wer sich von Haus aus abwechslungsreich ernährt, braucht sich also überhaupt keine Sorgen zu machen, er nimmt auch ohne Tierisches genug davon auf.
Relativ viel und hochwertiges Eiweiß enthalten Hülsenfrüchte, vor allem Sojabohnen & Co. Und wer gut kombiniert, bekommt sogar noch mehr davon, weil er dem Körper die Eiweißverwertung leichter macht: einfach Getreide mit Hülsenfrüchten (z.B. Mais und Bohnen, Brot oder Tortilla zu Bohnen & Co.) oder Nüsse und Kerne mit Gemüse und Getreide essen.

Pancakes mit Ahornsirup

Fürs Sonntagsfrühstück

Zutaten für 4 Personen (ca. 12 Stück):
3 TL Sojamehl
200 g helles Dinkelmehl
2 TL Backpulver
200 ml Reis-Kokos-Drink
1 Prise Salz
100 g Ahornsirup
3 EL Öl oder Margarine zum Braten

Zubereitungszeit: 25 Minuten
+ 15 Minuten Quellen
Kalorien pro Portion: 350 kcal

1 Das Sojamehl mit 2 EL Wasser gründlich verrühren. Das Dinkelmehl mit dem Backpulver mischen. Angerührtes Sojamehl und den Drink sowie das Salz und 2 EL Ahornsirup mit dem Schneebesen gründlich unterschlagen.

2 Den Teig abgedeckt bei Zimmertemperatur ca. 15 Minuten stehen lassen, dann noch einmal durchrühren.

3 Zum Backen der Pancakes am besten eine beschichtete Pfanne nehmen. Darin ein wenig Öl oder Margarine erhitzen. Mit einem Esslöffel nach und nach Teig abnehmen und in kleinen Portionen nebeneinander in die Pfanne setzen. Bei mittlerer Hitze pro Seite 2 – 3 Minuten backen, bis sie schön gebräunt sind.

4 Die gebackenen Pancakes im Backofen bei 70 Grad warm halten. Wenn alle Pancakes fertig sind, zusammen auf den Tisch stellen. Jeder nimmt sich einen Pancake, beträufelt ihn nach Belieben mit etwas Ahornsirup und ... genießt.
Dazu schmeckt: Früchte nach Jahreszeit, in kleine Stückchen geschnitten.

Früchte mit Limetten-Nuss-Creme

Schmecken einfach nur pur oder zu den Pancakes oder auch mal als Dessert

Zutaten für 4 Personen:
je 150 g Erdbeeren und Himbeeren
2 Pfirsiche
6 Aprikosen
½ Bio-Limette
4 EL Mandel-, Haselnuss- oder Cashewnussmus
8 EL Reis-Kokos-Drink, Mandel- oder Haselnussdrink
1 – 2 EL Zucker oder Agavendicksaft

Zubereitungszeit: 15 Minuten
Kalorien pro Portion: 340 kcal

1 Die Erdbeeren und Himbeeren vorsichtig abbrausen, aus den Erdbeeren Stiele und Kelchblätter entfernen. Die Erdbeeren je nach Größe halbieren oder vierteln, die Himbeeren ganz lassen.

2 Die Pfirsiche und Aprikosen waschen, halbieren und entsteinen. Die Früchte in Spalten schneiden und mit den Beeren mischen.

3 Limettenhälfte heiß waschen und abtrocknen, die Schale fein abreiben und den Saft auspressen. Beides mit dem Mus, dem Drink und dem Zucker oder Agavendicksaft gründlich verrühren.

4 Die Früchte auf Schälchen, Gläser oder Tassen verteilen und jeweils mit ein wenig Limetten-Nuss-Creme garnieren. Möglichst bald servieren.

Basic-TIPP

Unsere Fruchtmischung ist eindeutig sommerlich. Aber dieser Salat schmeckt natürlich auch zu anderen Jahreszeiten – im Herbst besonders gut mit Äpfeln, Birnen und Trauben und im Winter mit exotischen Früchten wie Ananas und Mango.

Frischkornmüsli

Fein mit verschiedenen Getreidesorten – oder auch mal mit nur einer

Zutaten für 4 Personen:
100 g Sechskorn-Getreide-Mischung (oder weniger Sorten, ganze Körner)
50 g getrocknete Feigen, Rosinen oder Cranberrys
300 ml Kokosmilch oder Reis-Kokos-Drink
400 g Erdbeeren (auch fein: andere Beeren wie z. B. Himbeeren)
2 EL Zucker oder Ahornsirup
4 TL Kakaopulver (nach Belieben)
Außerdem:
Getreidemühle (siehe TIPP rechts)

Zubereitungszeit: 20 Minuten
+ über Nacht Quellen und Kühlen
Kalorien pro Portion: 315 kcal

1 Getreidemischung in der Getreidemühle grob mahlen oder schroten. Die Feigen vom harten Stiel befreien und in kleine Würfel schneiden. Rosinen oder Cranberrys können ganz bleiben.

2 Das Getreide und die Feigen, Rosinen oder Cranberrys in einer Schüssel mit der Kokosmilch oder dem Reis-Kokos-Drink verrühren und zugedeckt über Nacht in den Kühlschrank stellen.

3 Am nächsten Morgen die Erdbeeren waschen, putzen und in dünne Scheiben schneiden. Erdbeeren und Zucker oder Ahornsirup gleichmäßig unter den Getreidebrei rühren und in Schälchen verteilen. Wer mag, streut auf jede Portion noch ein bisschen Kakaopulver.

Variante: Birchermüsli mit Äpfeln und Birnen
100 g zarte Haferflocken mit 4 EL Rosinen, 200 ml Sojadrink oder Reis-Kokos-Drink und 150 g pflanzlichem Joghurt (aus Soja) verrühren und im Kühlschrank über Nacht quellen lassen. Dann 2 Äpfel und 2 Birnen waschen, das Fruchtfleisch rund um die Kerngehäuse mit der Rohkostreibe abraspeln. Mit 1 EL Zitronensaft zum Haferbrei geben. 2 EL Mandelblättchen mit 2 EL braunem Zucker in einer Pfanne bei mittlerer Hitze 1 Minute unter Rühren anrösten und unters Müsli mischen. Mit Zucker oder Ahornsirup nach Belieben abschmecken, servieren.

Buchweizengrütze mit Beeren

Sanft zum Magen und äußerst schmackhaft!

Zutaten für 4 Personen:
150 g Buchweizengrütze
1 l Mandel- oder Haselnussdrink
100 g getrocknete Cranberrys
2 EL Agavendicksaft
500 g Beeren (z. B. Himbeeren und Johannisbeeren) oder Kirschen

Zubereitungszeit: 25 Minuten
Kalorien pro Portion: 465 kcal

1 Buchweizengrütze mit Mandel- oder Haselnussdrink in einem Topf mischen und zum Kochen bringen. Dann die Hitze ganz klein stellen, den Deckel auflegen und die Grütze in 15 – 20 Minuten körnig ausquellen lassen.

2 Die Cranberrys mit dem Agavendicksaft unter die Grütze mischen und diese lauwarm oder ganz abkühlen lassen.

3 Entweder die Beeren abbrausen, die Johannisbeeren von den Stielen streifen. Oder die Kirschen waschen, von den Stielen zupfen und entkernen – das geht am besten mit einem speziellen Kirschentkerner. (Wer keinen hat, mischt die Kirschen unentkernt unter die Grütze und spuckt die Kerne beim Essen aus.)

4 Die Buchweizengrütze auf Schälchen verteilen, mit den Beeren oder Kirschen garnieren und schmecken lassen!

TIPP

Wer öfter einmal Frischkornmüsli oder Grütze zubereiten möchte, kann sich eine kleine Handmühle für Getreide und Mohn zulegen. Die kostet nicht viel und mahlt kleine Mengen super.

Mango-Kokos-Mus mit Amaranth

Zu Pops geröstet, toppt der Amaranth diese exotische Mischung – mit Geschmack und Power für den Tag!

Zutaten für 4 Personen:
1 große Mango | 1 Bio-Limette
¼ l Kokosmilch
2 EL Kokossirup (ersatzweise Zucker)
100 g entsteinte Datteln
50 g Amaranth | 1 EL Zucker

Zubereitungszeit: 25 Minuten
Kalorien pro Portion: 295 kcal

1 Die Mango schälen, das Fruchtfleisch vom Stein schneiden und grob würfeln. Limette heiß waschen und abtrocknen, die Schale fein abreiben und den Saft auspressen. Die Hälfte von Schale und Saft mit der Mango, der Kokosmilch und dem Kokossirup im Mixer fein pürieren und abschmecken.

2 Datteln grob würfeln und mit restlichem Limettensaft und übriger Limettenschale pürieren. Das schafft nur ein richtig guter Pürierstab. Wer den nicht hat: Datteln schön klein schneiden und dann zusammen mit dem Limettensaft mit der Gabel so fein es eben geht zerdrücken.

3 Für die Amaranth-Pops eine gusseiserne Pfanne (am besten mit Glasdeckel, damit man sehen kann, was darunter passiert) auf dem Herd erhitzen. Mit ein paar Tropfen Wasser die Probe machen: Wenn die Tropfen beim Reinspritzen gleich verdampfen, ist die Pfanne heiß genug. Amaranth in die Pfanne rieseln lassen und rühren, bis die Körnchen anfangen, weißlich und größer zu werden. Deckel auflegen und die Pfanne vom Herd ziehen. Warten, bis alle Körnchen aufgehen wie Mini-Popcorn.

4 Den Zucker unter die Amaranthpops mischen und die Pfanne auf den Herd setzen. Unter Rühren bei mittlerer Hitze erwärmen, bis der Zucker schmilzt.

5 Mangomus auf Schälchen verteilen. Die Pops daraufstreuen und mit etwas Dattelmus garnieren. Das fruchtige Frühstück sofort servieren.

Heißer Zimtdrink

Stillt den ersten Hunger

Zutaten für 2 Personen:
1 Bio-Orange
400 ml Reis-Kokos-Drink
knapp 1 EL Agavendicksaft
1 TL Zimtpulver
1 EL Kakaopulver
2 EL Kokosraspel

Zubereitungszeit: 10 Minuten
Kalorien pro Portion: 235 kcal

1 Die Orange heiß waschen und abtrocknen, die Schale fein abreiben. Den Saft von 1 Orangenhälfte auspressen.

2 Den Reis-Kokos-Drink mit Agavendicksaft, Zimt und Kakao in einem Topf vermischen und bei mittlerer Hitze erwärmen, aber nicht kochen lassen. Mit der Orangenschale abschmecken.

3 Die Kokosraspel in ein flaches Schälchen geben. Die Ränder von zwei Tassen mit dem Orangensaft anfeuchten, dann in die Kokosraspel drücken und wieder abheben. Den heißen Zimtdrink in die Tassen gießen und gleich genießen.

Variante: Heiße Chili-Schokolade

50 g vegane Zartbitterschokolade in Stücke brechen und mit 400 ml Mandel- oder Haselnussdrink in einem Topf bei mittlerer Hitze langsam erwärmen (nicht kochen lassen!), bis die Schokolade geschmolzen ist. Mit 1 kräftigen Prise Chilipulver abschmecken, in Tassen füllen und mit etwas Kakao- oder Zimtpulver bestreuen. Sofort servieren.

Erdbeer-Melonen-Smoothie

Herrlich erfrischend

Zutaten für 2 Personen:
200 g Erdbeeren
2 Stängel Minze
1 Stück Honig- oder Wassermelone (ca. 250 g)
100 ml Rhabarber- oder Apfelsaft
1 EL Zucker oder ein beliebiger Sirup (z. B. Holunderblütensirup)
10 Eiswürfel

Zubereitungszeit: 10 Minuten
Kalorien pro Portion: 135 kcal

1 Die Erdbeeren waschen, putzen und klein würfeln. Die Minze abbrausen und trocken schütteln, Blättchen abzupfen und hacken. Das Melonenstück von den Kernen befreien: aus der Wassermelone mit der Messerspitze herauspulen, aus der Honigmelone mit einem Löffel abschaben. Die Melone schälen und ebenfalls klein würfeln.

2 Die Erdbeeren, die Minze und die Melone mit dem Rhabarber- oder Apfelsaft, dem Zucker oder Sirup, 1/8 l Wasser und den Eiswürfeln in einen Mixer geben und kräftig durchmixen, bis sich die Eiswürfel fast aufgelöst haben.

3 Den Erdbeer-Melonen-Smoothie in Gläser (z. B. hohe Saftgläser, Tumbler) füllen und gleich servieren.

Variante: Aprikosen-Himbeer-Smoothie

Je 250 g Aprikosen und Himbeeren kurz waschen, die Aprikosen aufschneiden, entsteinen und würfeln. Beides mit 200 ml Wasser, 2 EL Himbeersirup, 1 EL Zitronensaft und 10 Eiswürfeln durchmixen und gleich servieren.

Variante: Avocado-Gurken-Smoothie

1/2 Avocado vom Kern befreien, schälen und grob würfeln. 1/2 Salatgurke schälen, halbieren und die Kerne herauskratzen. 1 Bund Dill oder 1 Handvoll Rucola abbrausen und trockenschütteln, von den groben Stängeln befreien, hacken. Avocado, Gurke und Dill oder Rucola mit 1/4 l Wasser und 10 Eiswürfeln im Mixer fein pürieren. Mit Salz und 1 TL Ahornsirup abschmecken. Gleich servieren.

Basic-TIPP

Früchte, Gemüse (vor allem grünes Blattgemüse) und Wasser – mehr braucht es nicht, um schnell einen gesunden Smoothie zu machen. Und der schenkt dem Körper eine ganze Menge Vitamine, Mineralstoffe und Spurenelemente – schön zerkleinert und dadurch gut aufgeschlossen, um bestens vom Körper verarbeitet werden zu können. Wichtig dafür ist ein leistungsstarker Mixer, den man auch noch für viele andere Dinge brauchen kann: Mandeldrink, Salatsauce, Pesto …

Schoko-Nuss-Creme

Schmeckt nicht nur Kindern, sondern auch Erwachsenen

Zutaten für 1 Glas (ca. 300 ml):
100 g dunkle vegane Schokolade
100 ml Mandeldrink
40 g gemahlene Mandeln oder Haselnüsse
1 EL Mandel- oder Haselnussmus
1 EL Kakaopulver
2 Pck. Bourbon-Vanillezucker
¼ TL Zimtpulver

Zubereitungszeit: 10 Minuten
Kalorien pro Glas: 260 kcal

1 Die Schokolade in kleine Stücke zerbrechen und mit dem Mandeldrink in einem kleinen Topf bei schwacher bis mittlerer Hitze unter Rühren erwärmen, bis die Schokolade geschmolzen ist.

2 Die geriebenen Mandeln oder Haselnüsse, das Mandel- oder Nussmus, das Kakaopulver, den Vanillezucker und das Zimtpulver mit in den Topf geben und alles gründlich mischen.

3 Schoko-Nuss-Creme in ein Schraubglas füllen und abkühlen lassen. Gut verschlossen hält sich die Creme gekühlt 2–3 Wochen.

TIPP
Mit der dunklen Schokolade wird der Aufstrich sehr schokoladig und hat ein eher herbes Aroma. Wer ihn ein wenig süßer mag, rührt einfach noch zusätzlich 1 Pck. Vanillezucker unter die Mischung.

Würzig-süße Aprikosencreme

Durch einen Hauch Chili mit ganz besonderer Note

Zutaten für 1 Glas (ca. 400 ml):
200 g getrocknete Aprikosen
50 ml trockener Sherry oder Traubensaft
½ Bio-Zitrone
¼ TL Chiliflocken
1 EL Ahornsirup

Zubereitungszeit: 15 Minuten
+ 2 Stunden Quellen
, Kalorien pro Glas: 145 kcal

1 Aprikosen klein würfeln, mit Sherry oder Traubensaft und 150 ml Wasser in einem Topf zum Kochen bringen. Alles offen bei mittlerer Hitze ca. 5 Minuten köcheln lassen. Dann den Topf vom Herd ziehen und die Aprikosen noch ca. 2 Stunden nachquellen lassen.

2 Die Zitronenhälfte heiß waschen und abtrocknen, die Schale fein abreiben und 1 EL Saft auspressen.

3 Die Aprikosen mitsamt dem restlichen Kochsud, Zitronenschale und -saft, den Chiliflocken und dem Ahornsirup fein pürieren und abschmecken.

4 Aprikosencreme in ein Schraubglas füllen und gut verschließen. So hält sie sich im Kühlschrank 5 – 6 Tage frisch.
Dazu schmeckt: Toastbrot oder auch Knäckebrot.

Variante: Orientalische Dattelpaste

400 g frische Datteln aufschneiden, entkernen und würfeln. Mit 50 g Sesammus (ungesalzen!), 2 EL Ahorn- oder Agavensirup, 100 ml Orangensaft (am besten frisch gepresst) und 1 TL Ras-el-hanout (marokkanische Gewürzmischung) fein pürieren. Dattelpaste mit 1 TL Zitronensaft abschmecken und in zwei Schraubgläser (je ca. 300 ml) füllen. Gut verschlossen hält sie sich im Kühlschrank 1 – 2 Wochen frisch.

TIPP

Mit Mandel-, Kokos- oder Sojadrink verdünnt schmecken die Pasten auch zum Frühstück – mit beliebigen Flocken oder Amaranthpops gemischt – statt Müsli.

Roh gerührte Johannisbeerkonfitüre

Besonders aromatisch und vitaminreich mit schwarzen Johannisbeeren

Zutaten für 1 Glas (ca. 400 ml):
300 g schwarze Johannisbeeren
100 g Puderzucker
2 TL Johannisbrotkernmehl
1 EL Zitronensaft

Zubereitungszeit: 15 Minuten
Kalorien pro Glas: 25 kcal

1 Die Johannisbeeren abbrausen und die Beeren von den Stielen streifen. Falls nötig Blätter, die zwischen den Beeren stecken, aussortieren.

2 Die Johannisbeeren mit Puderzucker, Johannisbrotkernmehl und Zitronensaft in einen hohen Mixbecher geben und mit dem Pürierstab durchmischen, bis die Masse schön glatt und cremig ist.

3 Beerenkonfitüre kurz stehen lassen, dabei wird sie noch etwas fester. Dann abschmecken und in ein Schraubglas füllen. Gut verschlossen hält sie sich im Kühlschrank ca. 1 Woche frisch.

Varianten:

Die Konfitüre lässt sich mit allen Beeren, mit Pfirsichen, Aprikosen und Kirschen, aber auch mit Feigen oder Weintrauben zubereiten. Je nach Süße der Früchte einfach die Zuckermenge und / oder die Menge an Zitronensaft anpassen.

TIPP

Alle süßen Cremes und Pasten auf den beiden Seite schmecken nicht nur als Aufstrich sehr lecker, sondern auch als »Belag« für Pancakes (Seite 26). Die Schokocreme dazu am besten nur lauwarm abkühlen lassen.

Paprikapaste

Die könnte süchtig machen

Zutaten für 1 Glas (ca. 500 ml):
2 fleischige rote Paprikaschoten (ca. 500 g)
100 g Sonnenblumenkerne
4 Stängel Petersilie
5 EL Olivenöl
½ TL Harissa
1 TL Zitronensaft
Salz

Zubereitungszeit: 40 Minuten
Kalorien pro Glas: 290 kcal

1 Backofen auf 250 Grad vorheizen, das Backblech mit Backpapier auslegen. Die Paprikaschoten längs halbieren, putzen und waschen. Schotenhälften mit den Schnittflächen nach unten auf das Blech legen, im Ofen (Mitte) 15 – 20 Minuten rösten, bis die Haut dunkle Blasen wirft.

2 Inzwischen die Sonnenblumenkerne in einer trockenen Pfanne bei mittlerer Hitze 1 – 2 Minuten unter Rühren rösten, bis sie leicht gebräunt sind und zu springen anfangen. Etwas abkühlen lassen, dann grob hacken. Petersilie abbrausen und trockenschütteln, die Blättchen abzupfen und fein schneiden.

3 Ein Küchentuch unter den kalten Wasserstrahl halten und auswringen. Das Tuch auf die Paprikahälften legen und warten, bis sie lauwarm abgekühlt sind. Dann die Haut so gut wie möglich abziehen, ein paar Reste stören nicht. Die Paprika grob würfeln.

4 Die Paprika mit den Sonnenblumenkernen, der Petersilie und dem Olivenöl mit dem Pürierstab zu einer feinen Paste mixen. Mit Harissa und Zitronensaft verrühren und mit Salz abschmecken.

5 Die Paprikapaste in ein Schraubglas füllen und gut verschließen. So hält sie sich im Kühlschrank rund 1 Woche frisch.

TIPP

Gerade eben zubereitet und noch lauwarm auf frisch geröstete Brotscheiben gestrichen oder mit Grissini gedippt ist die Paste auch fein zum Aperitif.

Kartoffel-Kapern-Creme

Ein bisschen griechisch

Zutaten für 1 Glas (ca. 400 ml):
300 g vorwiegend festkochende Kartoffeln
1 Stängel Minze oder 2 Stängel Petersilie
2 EL Kapern (am besten in Salz konserviert)
2 Knoblauchzehen (nach Belieben)
4 EL Olivenöl
1 EL Zitronensaft
Salz | Pfeffer

Zubereitungszeit: 15 Minuten + 20 – 30 Minuten Kochen
Kalorien pro Glas: 135 kcal

1 Die Kartoffeln waschen und in einem Topf mit reichlich Wasser zum Kochen bringen. Zugedeckt bei mittlerer Hitze in 20 – 30 Minuten weich kochen. Kartoffeln abgießen und kurz ausdampfen lassen. Dann die Kartoffeln pellen und mit dem Kartoffelstampfer oder einer Gabel so fein wie möglich zerdrücken.

2 Minze oder Petersilie abbrausen und trocken schütteln, Blättchen abzupfen. Kapern in einem Sieb abbrausen, dabei das Salz so gut wie möglich abspülen. (Wenn ein bisschen was daran haften bleibt, schadet das nicht, die Creme braucht ja sowieso Salz.) Die Kapern mit Minze oder Petersilie so fein wie möglich hacken. Wer die Creme mit Knoblauch zubereiten will: Zehen schälen, durch die Presse zu den Kartoffeln drücken.

3 Kräuter-Kapern-Mischung mit Olivenöl und Zitronensaft ebenfalls zu den Kartoffeln geben und alles sehr gründlich vermischen. Mit Salz und Pfeffer würzen.

4 Die Creme am besten frisch essen. Sie hält sich aber auch in einem gut verschlossen Schraubglas im Kühlschrank bis zu 2 Tage. **Dazu schmeckt:** geröstetes (Vollkorn-)Baguette, Grissini oder Laugenbrezen und außerdem Oliven.

TIPP

Kartoffeln enthalten reichlich Stärke, die beim Zerkleinern mit einem Mixer oder einem Pürierstab leicht kleisterig wird. Darum die Kartoffeln unbedingt mit der Gabel zerdrücken und nicht mixen!

Tofu-Oliven-Aufstrich

Blitzschnell fertig

Zutaten für 1 Glas (ca. 300 ml):
100 g Oliven (ganz nach Vorliebe schwarz oder grün)
4 Stängel Basilikum
½ Bio-Zitrone
200 g Tofu
2 EL Olivenöl
1 TL Tomatenmark
Salz | Pfeffer

Zubereitungszeit: 15 Minuten
Kalorien pro Glas: 130 kcal

1 Olivenfleisch von den Steinen abschneiden und grob hacken. Die Basilikumblättchen abzupfen und ebenfalls hacken. Zitronenhälfte heiß waschen und abtrocknen, Schale fein abreiben und 1 TL Saft auspressen.

2 Den Tofu würfeln und mit den Oliven, dem Basilikum, der Zitronenschale und dem Olivenöl möglichst fein pürieren.

3 Den Aufstrich mit dem Tomatenmark und dem Zitronensaft verrühren und mit Salz und Pfeffer abschmecken. Den Aufstrich in ein Schraubglas füllen und gut verschließen. So hält er sich im Kühlschrank rund 1 Woche frisch. **Dazu schmeckt:** Vollkorn- oder Knäckebrot.

Variante: Linsen-Mandel-Aufstrich

In einem Topf 150 g rote Linsen mit 350 ml Gemüsebrühe aufkochen und zugedeckt ca. 15 Minuten bei schwacher Hitze garen, bis die Linsen fast zerfallen. Offen lauwarm abkühlen lassen. Die Blättchen von 1 Kästchen Gartenkresse mit der Küchenschere abschneiden und mit 50 g Mandelmus, 2 TL scharfem Senf und den Linsen mit dem Pürierstab fein zerkleinern. Mit 1 TL Zitronensaft, Salz und Pfeffer abschmecken. Aufstrich in ein Schraubglas (ca. 500 ml) füllen. Gut verschlossen hält er sich im Kühlschrank rund 1 Woche frisch.

Dinkel-Nuss-Brot

Einfach und gut

Zutaten für 1 Laib (ca. 15 Scheiben):
400 g Dinkel-Vollkornmehl
100 g helles Dinkelmehl (+ etwas mehr zum Arbeiten)
1 gestr. EL Salz
1 Würfel Hefe (ca. 40 g)
1 TL Zucker
2 EL Nussöl
150 g Nüsse und / oder Kerne (eine Sorte oder gemischt: z. B. Walnüsse, Sonnenblumenkerne, Kürbiskerne)

Zubereitungszeit: 30 Minuten
+ 1 ¼ Stunden Ruhen
+ 1 ¼ Stunden Backen
Kalorien pro Scheibe: 215 kcal

1 Die beiden Mehlsorten mit dem Salz in einer Schüssel mischen und in der Mitte eine Mulde formen. Die Hefe fein zerkrümeln und mit dem Zucker und 100 ml lauwarmem Wasser verrühren. Hefewasser in die Mulde gießen und mit wenig Mehl bestäuben. Diesen Vorteig ca. 10 Minuten gehen lassen.

2 Dann noch ca. 175 ml lauwarmes Wasser und das Öl zum Mehl geben und alles mit einem Kochlöffel gründlich vermischen. Die Mischung auf die leicht mit Mehl bestäubte Arbeitsfläche geben und mit den Händen so lange kräftig durchkneten, bis ein geschmeidiger glatter Teig entstanden ist.

3 Den Brotteig wieder in die Schüssel legen. Ein Küchentuch unter den kalten Wasserstrahl halten und auswringen. Das Tuch über die Schüssel legen. Den Teig an einem warmen und zugfreien Ort ca. 1 Stunde gehen lassen, bis sich sein Volumen verdoppelt hat.

4 Die Walnusskerne in grobe Stücke brechen, mit den Sonnenblumen- und Kürbiskernen zu dem Teig geben und gründlich unterkneten.

5 Backblech mit Backpapier auslegen. Aus dem Brotteig einen länglichen Laib formen und aufs Blech legen. Den Teig mit dem Tuch bedecken und weitere 15 Minuten gehen lassen. Inzwischen den Backofen auf 230 Grad vorheizen.

6 Den Teiglaib gleichmäßig dünn mit Wasser einpinseln und im Ofen (unten) ca. 15 Minuten backen. Dann die Ofentemperatur auf 180 Grad runterschalten und das Dinkelbrot in ca. 1 Stunde fertig backen. Dabei immer wieder mal mit Wasser einpinseln.

7 Zum Gartest das Brot mit den Topflappen oder einem dicken Tuch aus dem Ofen nehmen, umdrehen und mit den Fingerknöcheln leicht auf die Unterseite klopfen. Klingt es hohl, ist das Brot durchgebacken. Auf einem Kuchengitter auskühlen lassen.

Basic-TIPPs

Auch Hefebrote können – wie Brote mit Sauerteig – aus Vollkornmehl zubereitet werden und gehen sehr schön auf. Frische Hefe lässt sich gut einfrieren, sodass man sie so immer im Vorrat haben kann. Dann einfach noch gefroren mit dem lauwarmen Wasser anrühren und stehen lassen, bis sie darin aufgetaut ist.
Wer das Brot abwandeln mag, hier ein paar Ideen dazu: Statt der Nüsse schmecken auch Trockenfrüchte im Teig, besonders fein sind Feigen und Rosinen. (So ein Brot passt dann aber trotzdem nicht nur zu Süßem, sondern auch zu Pikantem wie z. B. der Paprikapaste von Seite 34). Oder auch einmal zusammen mit den Nüssen Kräuter wie Oregano oder Rosmarin oder Gewürze wie Koriander mit unter den Teig kneten.

Tomaten-Tramezzini mit Avocado

Feine Zwischenmahlzeit, die gut satt macht

Zutaten für 4 Personen:
1 Avocado
1 EL Zitronensaft
2 EL vegane Mayonnaise oder saure Pflanzensahne
1 TL scharfer Senf
Salz | Pfeffer
2 Fleischtomaten (ca. 350 g)
40 g Alfalfasprossen
4 Kopfsalatblätter (nach Belieben)
8 Scheiben Sandwichbrot oder Vollkorntoast

Zubereitungszeit: 15 Minuten
Kalorien pro Portion: 415 kcal

1 Die Avocado rundherum bis zum Kern einschneiden. Hälften gegeneinanderdrehen und so auseinanderlösen, den Kern entfernen. Avocado schälen und in kleine Würfel schneiden.

2 Zitronensaft mit Mayonnaise oder saurer Sahne und Senf verrühren. Die Avocadowürfel untermischen und mit Salz und Pfeffer abschmecken.

3 Die Tomaten waschen und die Stielansätze herausschneiden. Tomaten in dünne Scheiben schneiden. Sprossen abbrausen und trocken schütteln. Die Salatblätter abbrausen, trocken tupfen und, falls nötig, die dicke Mittelrippe ein wenig flacher schneiden. Brotscheiben nach Belieben toasten.

4 Die Hälfte der Brotscheiben mit je 1 Salatblatt belegen. Die Tomatenscheiben darauf verteilen, leicht salzen. Die Avocadowürfel daraufgeben, mit den Sprossen bestreuen und mit den übrigen Brotscheiben abdecken. Die Tramezzini leicht zusammendrücken, diagonal halbieren und gleich schmecken lassen oder zum Mitnehmen einpacken.

Variante: Gurkensandwiches mit Kichererbsencreme
1 Dose Kichererbsen (240 g Abtropfgewicht) in einem Sieb gründlich abspülen und abtropfen lassen. Mit 2 EL Zitronensaft, 2 EL Sesammus und 2 EL Olivenöl pürieren und mit Salz und Chiliflocken würzen. 1 EL fein gehackte Petersilie untermischen. 4 Scheiben Sandwichbrot oder Vollkorntoast mit der Kichererbsencreme bestreichen, mit ½ Salatgurke in dünnen Scheiben belegen, mit 2 Frühlingszwiebeln in sehr feinen Ringen bestreuen und mit weiteren 4 Sandwichbrotscheiben abdecken. Sandwiches leicht zusammendrücken und diagonal halbieren. Fertig!

Rote-Bete-Tramezzini

Sind etwas Besonderes und dabei ganz leicht zu machen!

Zutaten für 4 Personen:
2 EL Walnusskerne
1 Kästchen Gartenkresse
1 Bund Schnittlauch
125 g veganer Frischkäse (aus Soja)
1 TL frisch geriebener Meerrettich (ersatzweise aus der Tube)
1 TL scharfer Senf
½ TL Apfeldicksaft
Salz
2 geschälte gegarte Rote Beten (ca. 400 g, liegen meist vakuumiert beim Gemüse)
2 EL vegane Margarine
2 TL brauner Zucker
Pfeffer
8 Scheiben Sandwichbrot oder Vollkorntoast

Zubereitungszeit: 25 Minuten
Kalorien pro Portion: 265 kcal

1 Die Walnusskerne in kleine Stücke brechen und in einer kleinen Pfanne bei mittlerer Hitze ohne Fett unter Rühren anrösten, bis sie fein duften. Kresse mit der Küchenschere vom Beet schneiden. Schnittlauch abbrausen und trocken schütteln, in feine Röllchen schneiden.

2 Den Frischkäse mit den Walnüssen, der Kresse, dem Schnittlauch, dem Meerrettich, Senf und Apfeldicksaft verrühren und mit Salz abschmecken.

3 Die Roten Beten in ca. ½ cm dünne Scheiben schneiden. Die Margarine mit dem Zucker in einer Pfanne schmelzen. Die Rote-Bete-Scheiben einrühren und bei starker Hitze unter Rühren braten, bis sie ganz leicht braun werden. Mit Salz und Pfeffer abschmecken.

4 Die Hälfte der Brotscheiben dick mit dem Frischkäse bestreichen. Die Rote-Bete-Scheiben darauf verteilen und mit den übrigen Brotscheiben abdecken. Tramezzini leicht zusammendrücken, diagonal halbieren und warm servieren.

Variante: Paprika-Tramezzini
Für eine sommerliche Variante je 1 rote und gelbe Paprikaschote putzen und gut waschen, in dünne Streifen schneiden und in 2 EL Olivenöl leicht braun braten. Mit Salz und Chiliflocken abschmecken. 125 g veganer Frischkäse (aus Soja) mit 1 EL fein gehacktem Basilikum, ein paar fein gehackten Minzeblättchen sowie 1 TL Wasabipaste zubereiten. Mit Salz würzen. Damit die Brotscheiben wie beschrieben belegen.

Sandwiches mit Räuchertofu und Ofengemüse

Die kann man sehr gut mitnehmen – zum Picknick oder ins Büro

Zutaten für 4 Personen:
300 g Zucchini
2 längliche rote Paprikaschoten (ca. 250 g)
4 Zweige Thymian
2 EL Olivenöl
Salz | Pfeffer
4 Sandwichbrötchen
4 knackige Salatblätter
200 g Räuchertofu
50 g vegane Mayonnaise

Zubereitungszeit: 40 Minuten
Kalorien pro Portion: 275 kcal

1 Backofen auf 220 Grad vorheizen. Die Zucchini waschen und von beiden Enden befreien. Die Zucchini der Länge nach in knapp 1 cm dicke Scheiben schneiden und diese noch einmal quer halbieren. Die Paprika putzen, waschen und der Länge nach in gut 1 cm breite Streifen schneiden. Den Thymian abbrausen und trocken schütteln, die Blättchen von den Zweigen streifen – das geht am besten gegen die Wuchsrichtung.

2 Das Gemüse mit Thymian und Öl gut mischen, mit Salz und Pfeffer würzen. Das Backblech mit Backpapier auslegen und das Gemüse darauf verteilen. Im Ofen (Mitte) 20–25 Minuten backen, bis das Gemüse bissfest und leicht braun ist. Dabei ab und zu umrühren.

3 Das Gemüse aus dem Ofen nehmen und lauwarm abkühlen lassen. Die Sandwichbrötchen im abgeschalteten Ofen noch leicht aufbacken. Salatblätter abbrausen, trocken tupfen und, falls nötig, die dicke Mittelrippe ein wenig flacher schneiden. Den Räuchertofu in dünne Scheiben schneiden.

4 Die Sandwichbrötchen aufschneiden. Je 1 Salatblatt und etwas gebackenes Gemüse auf die unteren Brötchenhälften geben. Die Tofuscheiben darauflegen, die Mayonnaise darauf verteilen. Obere Brötchenhälften auflegen, fertig!

Variante: Sandwiches mit Räuchertofu und fruchtigem Gemüsesalat

2 Stangen Staudensellerie waschen und putzen. 2 Möhren schälen. 2 Frühlingszwiebeln waschen und putzen. 1 säuerlichen Apfel vierteln, schälen, entkernen. Alle diese Zutaten in sehr feine Streifen schneiden und mit 100 g veganer Mayonnaise mischen. Mit Salz, Pfeffer und gemahlenem Koriander würzen. 4 Sandwichbrötchen aufschneiden und mit je 1 Salatblatt belegen. 200 g Räuchertofu in dünne Scheiben schneiden und darauf verteilen. Mit dem Gemüsesalat bedecken und die oberen Brötchenhälften auflegen. Gleich schmecken lassen oder zum Mitnehmen einpacken.

Veggie-Burger

Echte Konkurrenz fürs Original

Zutaten für 4 Personen:
2 Zwiebeln
1 kleines Bund Petersilie
400 g Tofu | 2 TL Sojamehl
50 g helles Dinkelmehl
3 TL scharfer Senf
2 TL Tomatenmark
Salz | Pfeffer
2 Tomaten
4 grüne Salatblätter (auch sehr fein: 1 große Handvoll Rucola)
2 EL neutrales Öl
4 Burger-Brötchen oder beliebige, eher weiche Vollkornbrötchen
2 EL vegane Mayonnaise
Ketchup (nach Belieben)

Zubereitungszeit: 35 Minuten
Kalorien pro Portion: 475 kcal

1 Zwiebeln schälen und grob hacken. Die Petersilie abbrausen und trocken schütteln, Blättchen abzupfen und mit den Zwiebeln möglichst fein hacken.

2 Den Tofu in kleine Stücke krümeln und mit einer Gabel fein zerdrücken. Die Zwiebelmischung, Soja- und Dinkelmehl, Senf und Tomatenmark dazugeben und alles ca. 2 Minuten lang kräftig durchkneten, bis eine gut gebundene Masse entstanden ist. Mit Salz und Pfeffer abschmecken. Die Masse zu 4 flachen Bratlingen formen, die etwas kleiner sind als die Brötchen.

3 Die Tomaten waschen und die Stielansätze herausschneiden. Die Tomaten in dünne Scheiben schneiden. Die Salatblätter abbrausen, trocken tupfen und, falls nötig, die dicke Mittelrippe flacher schneiden.

4 Das Öl in einer Pfanne heiß werden lassen. Tofubratlinge einlegen und bei mittlerer Hitze pro Seite ca. 5 Minuten braten, bis sie schön gebräunt sind. In der Zeit die Brötchen eventuell im Backofen (Mitte) bei 250 Grad aufbacken.

5 Die Brötchen aufschneiden und die unteren Hälften mit der Mayonnaise bestreichen und mit je 1 Salatblatt belegen. Die Tofubratlinge darauf verteilen, mit Tomatenscheiben belegen und nach Belieben mit etwas Ketchup garnieren. Die oberen Brötchenhälften auflegen und die Veggie-Burger gleich auf den Tisch stellen.

Variante: Kichererbsen-Burger
Anstatt des Tofus 1 Dose Kichererbsen (240 g Abtropfgewicht) in einem Sieb abspülen und abtropfen lassen, dann mit 2 EL Olivenöl fein pürieren. 2 Scheiben (Vollkorn-)Toastbrot in wenig Wasser einweichen. 2 Zwiebeln und die Blättchen von ½ Bund Koriandergrün möglichst fein hacken. Das Brot gut ausdrücken und mit Kichererbsenpüree, der Zwiebelmischung, 2 EL Mehl (Weizen, Dinkel oder Kichererbsen), 2 TL Backpulver, Salz, Pfeffer und 1 TL gemahlenem Kreuzkümmel gut vermischen. Die Masse zu 4 flachen Bratlingen formen und wie beschrieben braten. Mit Tomatenscheiben und Zwiebelringen in die Brötchen legen und schmecken lassen.

Focaccia mit Tomaten und Oliven

Mit Salat ein Imbiss oder auch mal knusprige Beilage

Zutaten für 4 Personen:
250 g Mehl
1 TL Salz
1 Prise Zucker
gut ¼ Würfel Hefe (ca. 15 g)
4 EL Olivenöl (+ eventuell etwas mehr fürs Backblech)
200 g Kirschtomaten
je 2 Zweige Thymian und Salbei
1 Zweig Rosmarin
2 EL schwarze Oliven
2 TL grobkörniges Meersalz (z. B. Fleur de sel)

Zubereitungszeit: 30 Minuten
+ 1 Stunde Ruhen
+ 20 Minuten Backen
Kalorien pro Portion: 325 kcal

1 Das Mehl in einer Schüssel mit dem Salz und Zucker mischen. Die Hefe fein zerkrümeln und in 150 ml lauwarmem Wasser anrühren. Mit 1½ EL Olivenöl zum Mehl gießen und alles gründlich verkneten, bis der Teig weich und geschmeidig ist und nicht mehr an den Händen klebt. Ist er zu trocken, muss noch mehr Wasser dazu. Klebt er stark, braucht es noch mehr Mehl.

2 Die Schüssel an einen warmen, zugfreien Ort stellen und ein Küchentuch darüberlegen. Den Teig ca. 1 Stunde in Ruhe lassen, bis er gut aufgegangen ist.

3 Dann den Backofen auf 220 Grad vorheizen. Das Backblech mit Öl einpinseln oder mit Backpapier auslegen.

4 Den Teig noch einmal durchkneten und direkt auf dem Blech ausrollen – möglichst an allen Stellen gleichmäßig dick. Tomaten waschen und halbieren. Die Kräuter abbrausen und trocken schütteln, Blättchen von den Stielen zupfen und nicht zu fein hacken.

5 Die Tomaten mit den Schnittflächen nach oben auf den Teig legen und leicht eindrücken. Die Oliven dazwischen verteilen, die Kräuter daraufstreuen und das übrige Öl darüberlaufen lassen. Mit dem groben Meersalz bestreuen.

6 Blech in den Ofen (Mitte) schieben und die Focaccia ca. 20 Minuten backen, bis sie schön aufgegangen und leicht braun ist. Aus dem Ofen nehmen und in Stücke schneiden. Lauwarm schmeckt die Focaccia besonders gut. Aber auch kalt ist sie fein, nur am selben Tag sollte man sie auf jeden Fall essen.

Variante: Südfranzösischer Zwiebelfladen

Den Teig wie beschrieben zubereiten, gehen lassen, auf dem Blech ausrollen. Für den Belag 800 g (rote) Zwiebeln schälen, halbieren, in Streifen scheiden und mit den Blättchen von ¼ Bund Thymian in 2 – 3 EL Olivenöl bei schwacher Hitze unter Rühren in ca. 15 Minuten weich garen, aber nicht braun werden lassen. Die Zwiebeln mit Salz und Pfeffer würzen und auf dem ausgerollten Teig verteilen. 50 g schwarze Oliven daraufstreuen, leicht eindrücken. Den Zwiebelfladen im 220 Grad heißen Ofen (Mitte) in ca. 20 Minuten leicht braun backen. Schmeckt besonders gut lauwarm, am besten mit Tomatensalat.

Vorspeisen, Mezze, Antipasti

Die wissen schon, warum sie sich dafür so einiges haben einfallen lassen: An der Bar in Spanien schmecken Tapas eben genauso gut wie Mezze auf der reichlich gefüllten Tafel in der Türkei oder Antipasti in Italien vom Büfett. Und mit nichts anderem wird das Ganze so unglaublich abwechslungsreich wie mit Gemüse. Schließlich ist das schon von Haus aus schön bunt – und zudem ganz von selber immer vegan! Es laden ein: Mangold mit Pinienkernen, scharfe Möhren auf Spinat, frittierter Blumenkohl mit grüner Sauce, Guacamole, Erbsen-Hummus …

Was
ist eigentlich ...

veganer Kaviar?

Sieht so aus wie der Namensvetter und schmeckt auch ein bisschen nach »Meer«, kostet aber nur einen Bruchteil von dem, was man für die Eier vom Stör hinblättern muss. Ist sehr fein, aber irgendwie trotzdem ganz anders. Gemacht wird dieser Kaviar aus Meeresalgen, zusammen mit Geliermittel (auch aus Algen), Konservierungsstoffen, Farbstoffen, Geschmacksverstärkern und Aromen, also nicht gerade simpel. Ist aber ja eher ein Gag als tägliche Nahrung! Übrigens lässt er sich wie das Original am besten auf geröstetem Brot mit einem Klacks veganem Sauerrahm oder eifreier Mayonnaise genießen.

Vegan ist überall:
Orient

Knusprige Falafel mit Zwiebelstreifen und Blattsalat ins Fladenbrot gepackt, Hummus, Auberginenpaste oder doch lieber eine Creme aus Paprikaschoten und Nüssen, kalter erfrischender Couscoussalat oder dampfend heißer Couscous mit Gemüse in würziger Sauce, Gewürze wie in Tausend-und-einer-Nacht. Pistazien und Walnüsse, Granatäpfel und Feigen, Orangensalat mit Datteln und Minze, ... Jetzt aber endlich Schluss damit, sonst krieg ich richtig Hunger!

Unsere Lieblingssauce:

Dattel-Tamarinden-Chutney

Zum indischen Curry, aber auch zu Couscous, Gemüse und Reis schmeckt uns ein Chutney. Die Kombination aus der säuerlichen Tamarinde und den süß-aromatischen Datteln ist echt genial.

Für ein Schraubglas (ca. 350 ml) 50 g gepresstes Tamarindenmark (Asienladen) mit 150 ml heißem Wasser übergießen und 10 Minuten stehen lassen. 150 g Datteln entsteinen, würfeln. 200 g Tomaten häuten und ebenfalls würfeln. Das Tamarindenmark durch ein Sieb streichen, Flüssigkeit auffangen. Beides mit Datteln, Tomaten, 2 EL braunem Zucker und 1 TL Chiliflocken in 15 Minuten dickflüssig einkochen. Chutney salzen und ins Glas füllen, verschließen. Haltbarkeit: gekühlt 1-2 Monate.

Wie schaut's aus mit ... *Kalzium?*

Dass man davon viel aufnimmt, wenn man Milch(produkte) isst, haben wir oft gehört. Dass diese aber gleichzeitig dafür sorgen, dass Kalzium ausgeschieden wird, ist uns eher neu. Kein Thema für alle vegan essenden Menschen, die ihre gute Portion Kalzium bekommen mit: dunkelgrünem Gemüse wie Mangold, Grünkohl, Brokkoli, Wirsing und Lauch, aber auch mit Rucola und Petersilie. Außerdem mit Nüssen und Kernen und mit Mineralwasser, das viel davon enthält. Wichtig: Besser resorbieren können wir es, wenn wir genügend Vitamin D bekommen – 30 Minuten pro Tag an der Sonne macht das leichter.

Zartes Gemüse-Carpaccio mit Knuspernüssen

Vorspeise für Feinschmecker

Zutaten für 4 Personen
2 dicke Möhren (ca. 200 g)
1 Kohlrabi (ca. 400 g)
1 EL Zitronensaft
Salz
5 EL Olivenöl
50 g gemischte Nüsse und Kerne (z. B. Sonnenblumen-, Kürbis- und Pinienkerne, Mandelblättchen)
ca. ½ TL Chiliflocken
1 TL Ahornsirup
1 Kästchen Gartenkresse

Zubereitungszeit: 30 Minuten
Kalorien pro Portion: 215 kcal

1 Die Möhren und den Kohlrabi schälen und mit der Rohkostreibe in möglichst feine Scheiben hobeln. In einer großen Schüssel den Zitronensaft mit Salz und 2 EL Olivenöl gründlich verrühren, bis eine cremige Sauce entstanden ist. Die Gemüsescheiben gut untermischen und ca. 15 Minuten ziehen lassen.

2 Inzwischen das restliche Öl in einer großen Pfanne erhitzen. Die Nüsse und Kerne und die Chiliflocken einrühren und bei mittlerer Hitze 1 – 2 Minuten rösten, bis Nüsse und Kerne leicht gebräunt und knusprig sind. Mit Salz und dem Ahornsirup abschmecken.

3 Die Gemüsescheiben als Carpaccio auf flachen Tellern auslegen. Die Nussmischung auf dem Gemüse verteilen. Die Kresse mit einer Küchenschere vom Beet schneiden und aufstreuen.

Variante: Räuchertofu-Carpaccio auf bayerische Art

1 Stück Salatgurke (ca. 150 g) waschen oder schälen und in dünne Scheiben schneiden. 1 Bund Radieschen waschen, putzen und ebenfalls in dünne Scheiben schneiden. 200 g Räuchertofu auch noch in dünne Scheiben schneiden. Alles mit etwas Salz und Pfeffer mischen und auf flachen Tellern auslegen. Für die Sauce 1 ½ EL Apfelessig mit 1 TL süßem Senf und 1 TL Kümmelsamen mischen, salzen und pfeffern. 3 EL Öl unterschlagen und die Sauce über dem Carpaccio auf den Tellern verteilen.

Variante: Räuchertofu-Zucchini-Carpaccio

250 g junge Zucchini waschen, putzen und in feine Scheiben hobeln. In einer Schüssel locker mit etwas Salz mischen. 200 g Räuchertofu in dünne Scheiben schneiden. 100 g Tomaten waschen und klein würfeln, dabei die Stielansätze entfernen. 1 Stück Ingwer (2 – 3 cm) schälen und fein hacken. ½ Bund Schnittlauch abbrausen, trocken schütteln und in Röllchen schneiden. ½ Bio-Zitrone heiß waschen und abtrocknen, Schale fein abreiben, 1 ½ EL Saft auspressen. Zitronenschale und -saft, 1 Prise Chilipulver, Salz und 1 TL Ahornsirup verrühren, 3 EL Öl unterschlagen. Tomaten, Schnittlauch und den Ingwer untermischen. Die Zucchini abtropfen lassen und mit dem Räuchertofu dachziegelartig auf flachen Tellern auslegen. Die Tomatenmischung darüber verteilen.

TIPP

Das Gemüse-Carpaccio schmeckt auch mit anderen Gemüsesorten sehr gut: Rettich, Steckrüben, Topinambur, grüner Spargel, Champignons – einfach mal ausprobieren!

Mangold mit Rosinen und Pinienkernen

Super vorzubereiten – ideal also auch für die Party

Zutaten für 4 Personen:
50 g Rosinen
400 g Mangold
Salz
1 rote Chilischote
2 Knoblauchzehen
4 EL Olivenöl
4 EL Pinienkerne
100 ml trockener Weißwein oder Gemüsebrühe

Zubereitungszeit: 25 Minuten
+ mind. 2 Stunden Marinieren
Kalorien pro Portion: 225 kcal

1 Die Rosinen in einem kleinen Schälchen mit heißem Wasser begießen und kurz stehen lassen.

2 Den Mangold waschen. Die grünen Blätter abschneiden und grob hacken. Die Stiele von den Enden befreien und in knapp 1 cm breite Streifen schneiden.

3 In einem Topf Wasser zum Kochen bringen, salzen. Die Mangoldstiele darin 2 Minuten sprudelnd kochen lassen. Die Blätter dazugeben und noch ca. 1 Minute weiterkochen, bis das Gemüse bissfest ist. In ein Sieb abschütten, gründlich kalt abschrecken und abtropfen lassen. Den Mangold auf eine Platte oder einen großen Teller füllen.

4 Die Chilischote waschen und den Stiel abschneiden. Die Schote mit den Kernen in feine Ringe schneiden. Knoblauch schälen und in dünne Scheiben schneiden. Rosinen abtropfen lassen.

5 Das Öl in einer Pfanne erhitzen. Chili mit Knoblauch und Pinienkernen darin unter Rühren bei mittlerer Hitze andünsten, bis die Pinienkerne leicht Farbe bekommen. Mit dem Wein oder der Brühe ablöschen, Rosinen untermischen. Mit Salz abschmecken, über dem Mangold verteilen. Den Mangold mind. 2 Stunden marinieren lassen.

6 Dann den Mangold noch einmal durchrühren und, wenn es nötig ist, auch noch ein bisschen nachwürzen. **Dazu schmeckt:** knuspriges Weißbrot.

Wintergemüse mit Granatapfelmarinade

Ziemlich festlich

Zutaten für 4 Personen:
1 Stück Kürbis (ca. 500 g, z. B. Butternut- oder Muskatkürbis)
250 g Topinambur
250 g Steckrüben
Salz | Pfeffer
6 EL Olivenöl
1 Bund Frühlingszwiebeln
1 Bio-Orange
1 Granatapfel
4 Stängel Minze
2 EL Zitronensaft
2 EL Granatapfelsirup (Grenadine)
1 Msp. Harissa
2 EL Walnüsse

Zubereitungszeit: 30 Minuten
+ mind. 2 Stunden Marinieren
Kalorien pro Portion: 310 kcal

1 Aus dem Kürbis die Kerne mitsamt dem faserigen Fruchtfleisch mit einem Löffel herausschaben. Kürbis in Spalten teilen und die Schale abschneiden. Die Topinambur und die Steckrüben schälen. Das ganze Gemüse in knapp 1 cm dicke Scheiben schneiden.

2 Den Grill des Backofens vorheizen. Das Backblech mit Backpapier auslegen. Die Gemüsescheiben nebeneinander auf dem Blech verteilen, mit Salz und Pfeffer würzen und mit der Hälfte des Öls einpinseln. Das Gemüse mit ca. 10 cm Abstand zu den Grillschlangen in den Ofen schieben und ca. 10 Minuten grillen, bis es bissfest und goldbraun gebräunt ist. Dabei einmal umdrehen.

3 Inzwischen die Frühlingszwiebeln waschen, putzen und in feine Ringe schneiden. Orange heiß waschen und abtrocknen, die Schale fein abreiben. Den Granatapfel halbieren. Eine Hälfte in Stücke brechen und die Kerne mit den Fingern zwischen den Trennhäuten herauslösen. Die andere Granatapfelhälfte mit der Zitruspresse auspressen. Die Minze abbrausen und trocken schütteln, die Blättchen abzupfen und fein hacken.

4 Den Zitronensaft mit Granatapfelsaft und Grenadine, der Orangenschale und der Minze verrühren und mit Salz, Pfeffer und Harissa abschmecken. Das übrige Olivenöl nach und nach unterschlagen. Die Granatapfelkerne und Zwiebelringe unter die Marinade mischen.

5 Die Marinade über dem Ofengemüse verteilen. Abdecken und bei Zimmertemperatur mind. 2 Stunden marinieren. Vor dem Servieren die Walnüsse in Stücke brechen und auf das Gemüse streuen. **Dazu schmeckt:** ofenfrisches Brot und vielleicht noch ein paar Oliven.

Bruschette mit Zucchini und scharfen Kernen

Herrlich fruchtig und ein bisschen feurig

Zutaten für 4 Personen:
1 junger Zucchino (ca. 120 g)
1 Tomate (ca. 120 g)
¼ Bund Petersilie
3 EL Olivenöl
Salz | Pfeffer
4 EL Sonnenblumenkerne
½ TL Chiliflocken
12 Scheiben (Vollkorn-)Baguette oder anderes lockeres Brot

Zubereitungszeit: 20 Minuten
Kalorien pro Portion: 290 kcal

1 Backofen auf 250 Grad vorheizen. Den Zucchino waschen, putzen und fein hacken. Die Tomate waschen, vom Stielansatz befreien und so fein wie möglich hacken. Die Petersilie abbrausen und trocken schütteln, die Blättchen abzupfen und ebenfalls fein hacken.

2 Das Gemüse und die Petersilie mit 2 EL Olivenöl verrühren und mit Salz und Pfeffer abschmecken.

3 Das restliche Öl in einem Pfännchen erhitzen. Die Sonnenblumenkerne einrühren, mit Salz und Chiliflocken würzen und bei mittlerer Hitze unter Rühren anrösten, bis sie anfangen zu springen. Die Pfanne dann gleich vom Herd nehmen.

4 Die Brotscheiben auf den Rost legen und im Ofen (Mitte) 4–5 Minuten rösten, bis sie knusprig sind. Die Brotscheiben auf eine Platte legen, Zucchinimischung darauf verteilen. Die knusprigen Sonnenblumenkerne aufstreuen und die Crostini am besten gleich schmecken lassen.

Kürbis-Crostini mit Oliven

Mal was Ungewöhnliches

Zutaten für 4 Personen:
1 Stück Kürbis (ca. 400 g, z. B. Muskatkürbis oder Hokkaido)
Salz
2 EL Olivenöl
50 g schwarze Oliven
1 getrocknete Tomate (in Öl)
1 Frühlingszwiebel
2 Stängel Petersilie
Salz | Pfeffer
12 Scheiben (Vollkorn-)Baguette oder anderes lockeres Brot

Zubereitungszeit: 40 Minuten
Kalorien pro Portion: 245 kcal

1 Backofen auf 220 Grad vorheizen. Das Backblech mit Backpapier auslegen. Aus dem Kürbisstück die Kerne mitsamt dem faserigen Fruchtfleisch mit einem Löffel herausschaben. Den Kürbis in 1 cm dicke Spalten teilen, die Schale abschneiden (Hokkaido muss nicht geschält werden).

2 Die Kürbisspalten auf das Backblech legen und mit Salz bestreuen, Olivenöl darüberträufeln. Den Kürbis im Ofen (Mitte) ca. 20 Minuten backen, bis er weich und leicht gebräunt ist. Kurz abkühlen lassen.

3 Inzwischen Olivenfleisch von den Steinen schneiden und mit der abgetropften Tomate sehr fein schneiden. Frühlingszwiebel waschen, putzen und in feine Ringe schneiden. Die Petersilie abbrausen und trocken schütteln, die Blättchen abzupfen und fein hacken.

4 Den Backofen auf 250 Grad schalten. Die Brotscheiben auf den Rost legen und im Ofen (Mitte) 4–5 Minuten rösten, bis sie knusprig sind. In der Zeit den Kürbis mittelfein hacken und mit der Zwiebel, der Olivenmischung und der Petersilie verrühren. Mit Salz und Pfeffer würzen.

5 Die gerösteten Brotscheiben auf eine Platte legen, die Kürbismischung darauf verteilen. Die Crostini möglichst warm servieren, dann sind sie am feinsten!

Toast mit Nori-Gurken-Tatar

Mit feinem Meeraroma

Zutaten für 4 Personen:
1 Stück Salatgurke (ca. 200 g)
2 TL Zitronensaft | Salz
1 EL neutrales Öl | 1 EL Nori-Algen
½ Bund Schnittlauch
1 TL Wasabipaste
100 g saure Pflanzensahne (aus Soja)
6 Scheiben Toastbrot

Zubereitungszeit: 15 Minuten
+ 1 Stunde Quellen
Kalorien pro Portion: 180 kcal

1 Die Gurke schälen und fein hacken. Den Zitronensaft mit Salz und Öl gründlich verrühren. Die Gurke und die Algen untermischen und zugedeckt 1 Stunde ziehen lassen, bis die Algen leicht aufgequollen und geschmeidig sind.

2 Dann den Backofen auf 220 Grad vorheizen. Schnittlauch abbrausen, trocken schütteln, in Röllchen schneiden. Wasabi und Pflanzensahne verrühren, salzen.

3 Die Toastscheiben diagonal durchschneiden. Dann auf den Rost legen und im Ofen (Mitte) 4–5 Minuten rösten, bis sie knusprig sind.

4 Die Toastecken auf eine Platte legen und mit der Wasabicreme bestreichen. Die Gurkenmischung darauf verteilen, mit dem Schnittlauch bestreuen. Die Toasts sofort servieren.

Variante: Kohlrabi mit Sesam und Algen

50 ml heiße Gemüsebrühe mit 4 EL Nori-Algen oder etwas breiteren Meeresalgen mischen. In ca. 1 Stunde weich werden lassen. 1 kleinen Kohlrabi schälen, zarte Blätter abbrausen und sehr fein hacken. Den Kohlrabi in möglichst feine Streifen schneiden. 1 EL Sesammus mit 2 TL Zitronensaft, Salz und Chilipulver verrühren und mit dem Kohlrabi, Kohlrabiblättern und den Algen verrühren. Nochmals abschmecken. 6 Scheiben Toastbrot wie beschrieben halbieren und rösten. Die Kohlrabimischung darauf verteilen.

Avocado mit Apfelvinaigrette

Am besten zu Avocados mit brauner Schale greifen – die sind richtig aromastark

Zutaten für 4 Personen:
2 EL Zitronensaft
Salz | Pfeffer
½ TL Apfeldicksaft
3 EL Olivenöl
1 EL Kürbiskernöl (ersatzweise Olivenöl)
2 Stangen Staudensellerie
1 großer säuerlicher Apfel
2 schön reife Avocados
4 EL Kürbiskerne oder Mandelblättchen

Zubereitungszeit: 20 Minuten
Kalorien pro Portion: 425 kcal

1 Den Zitronensaft mit Salz, Pfeffer und Apfeldicksaft gründlich verrühren. Die beiden Ölsorten nach und nach mit einer Gabel unterschlagen, bis eine sämige Vinaigrette entstanden ist.

2 Den Sellerie waschen, zarte Blättchen abzupfen und fein hacken. Von den Stangen die Enden abschneiden. Wenn sich dabei Fäden lösen, zieht man die gleich mit ab. Sellerie der Länge nach in feine Streifen, dann in kleine Würfel schneiden. Den Apfel vierteln, schälen, entkernen und ebenfalls klein würfeln. Alles unter die Vinaigrette rühren, damit sich der Apfel nicht braun färbt.

3 Die Avocados rundherum bis zum Kern einschneiden. Hälften gegeneinanderdrehen und so auseinanderlösen, die Kerne entfernen. Die Avocados schälen, längs in dünne Scheiben schneiden und auf flachen Tellern auslegen. Die Apfelvinaigrette gleichmäßig darauflöffeln.

4 Die Kürbiskerne oder Mandelblättchen in einer trockenen Pfanne unter Rühren anrösten, bis sie würzig duften. Über Avocados und Vinaigrette streuen und gleich servieren.

Erbsen-Hummus

Frische Variante des Kichererbsen-Originals

Zutaten für 4 Personen:
300 g gepalte Erbsen (frisch oder TK)
Salz
1 Stängel Minze
1 Frühlingszwiebel
½ Bio-Zitrone
2 EL Sesampaste
2 EL Olivenöl
je 1 TL gemahlener Kreuzkümmel und rosenscharfes Paprikapulver

Zubereitungszeit: 25 Minuten
Kalorien pro Portion: 155 kcal

1 Die Erbsen mit ⅛ l Wasser und Salz in einem Topf zum Kochen bringen. Zugedeckt bei mittlerer Hitze in ca. 8 Minuten weich kochen. In ein Sieb abgießen, kalt abschrecken und abtropfen lassen.

2 Inzwischen die Minze abbrausen und trocken schütteln, Blättchen abzupfen und fein schneiden. Frühlingszwiebel waschen, putzen und sehr fein hacken.

Zitrone heiß waschen und abtrocknen, die Schale fein abreiben und den Saft auspressen.

3 Die Erbsen mit der Frühlingszwiebel, dem Zitronensaft, der Sesampaste und dem Olivenöl fein pürieren. Mit Minze, Zitronenschale, Kreuzkümmel, Paprikapulver und Salz abschmecken. Fertig! Dazu schmeckt: ofenfrisches knuspriges Brot, aber auch Gemüsestifte, die man in das Hummus dippt.

Variante: Schnelles Kichererbsen-Hummus

1 Dose Kichererbsen (240 g) in einem Sieb gründlich abbrausen und abtropfen lassen. Kichererbsen mit ca. 3 EL kaltem Wasser, 2 EL Olivenöl und je 3 EL Sesampaste und Zitronensaft fein pürieren. Mit Salz und 1 kräftigen Prise gemahlenem Kreuzkümmel abschmecken. Fertig!

Marinierte Linsen

Feine Vorspeise oder Beilage, etwa zu gebratenem Seitan

Zutaten für 4 Personen:
200 g schwarze oder grüne Linsen (Beluga oder Puy)
1 getrocknete Chilischote
2 Lorbeerblätter
400 g rote Zwiebeln
5 EL Olivenöl
4 EL Aceto balsamico
2 TL Ahornsirup oder Agavendicksaft
Salz | Pfeffer
Chiliflocken (nach Belieben)
200 g Kirschtomaten
Basilikumblättchen zum Garnieren

Zubereitungszeit: 30 Minuten
+ 35–45 Minuten Garen
+ mind. 1 Stunde Marinieren
Kalorien pro Portion: 330 kcal

1 Linsen in einem Topf mit ¾ l Wasser bedecken. Chilischote leicht andrücken und mit den Lorbeerblättern dazugeben. Das Wasser zum Kochen bringen und die Linsen zugedeckt bei schwacher Hitze in 35–45 Minuten bissfest garen. Dabei ab und zu kontrollieren, ob noch genügend Wasser im Topf ist und bei Bedarf noch etwas angießen.

2 Die Zwiebeln schälen, halbieren und in dünne Streifen schneiden. In einem Topf 2 EL Öl erhitzen. Die Zwiebeln dazugeben und unter Rühren bei schwacher bis mittlerer Hitze in 10 Minuten weich, aber nicht braun braten. Den Balsamico dazugeben und die Zwiebeln mit Sirup oder Dicksaft, Salz, Pfeffer und eventuell Chiliflocken abschmecken.

3 Die Linsen in ein Sieb abgießen und abtropfen lassen, die Chilischote und die Lorbeerblätter entfernen. Die Linsen mit den Zwiebeln und dem übrigen Öl mischen, abschmecken und zugedeckt mind. 1 Stunde durchziehen lassen.

4 Vor dem Servieren Tomaten waschen, halbieren und unter die Linsen mischen. Die Linsen auf Teller verteilen und mit den Basilikumblättchen garnieren.

Samosas

Indisches Fingerfood

Zutaten für 4–6 Personen:
Für die Samosas:
500 g vorwiegend festkochende Kartoffeln
250 g helles Weizen- oder Dinkelmehl (+ etwas mehr zum Arbeiten)
Salz
5 EL vegane Margarine
1 große Zwiebel
1 Stück Ingwer (ca. 4 cm)
2 TL Koriandersamen
je 1 TL Chilipulver
Garam masala und Pfeffer
½ Bund Koriandergrün
¾ l Öl zum Frittieren
Für die Minzsauce:
2 Bund Minze
2 grüne Chilischoten
2 Frühlingszwiebeln
1 Stück Ingwer (ca. 1 cm)
1 TL Zucker
2 EL Zitronensaft
Salz

Zubereitungszeit: 1 ¼ Stunden
Kalorien pro Portion (bei 6): 280 kcal

1 Zuerst für die Füllung der Samosas Kartoffeln waschen, in einem Topf knapp mit Wasser bedecken und zum Kochen bringen. Die Kartoffeln zugedeckt bei mittlerer Hitze in 20–30 Minuten weich, aber nicht zu weich garen.

2 Für den Teig das Mehl mit 1 TL Salz in einer Schüssel mischen. 4 EL Margarine schmelzen und mit ca. 60 ml kaltem Wasser zum Mehl geben. Alles zu einem glatten geschmeidigen Teig verkneten. In ein Küchentuch hüllen und bei Zimmertemperatur ca. 15 Minuten ruhen lassen.

3 Inzwischen für die Füllung Zwiebel und Ingwer schälen und möglichst fein hacken – am besten mit einem Zwiebelhacker. Die Kartoffeln abgießen, ausdampfen lassen, pellen und in winzig kleine Würfel schneiden. Die Koriandersamen in einer trockenen großen Pfanne bei mittlerer Hitze 1 Minute unter Rühren rösten, dann im Mörser fein zerstoßen.

4 Die übrige Margarine in der Pfanne schmelzen. Zwiebel, Ingwer und den zerstoßenen Koriander darin bei mittlerer Hitze andünsten. Kartoffeln dazugeben und alles unter Rühren ca. 5 Minuten garen, bis die Masse schön gebunden ist. Mit Chili, Garam masala, Pfeffer und Salz würzen und vom Herd ziehen. Koriandergrün abbrausen und trocken schütteln, die Blättchen abzupfen, fein hacken und unter die Kartoffeln rühren.

5 Teig durchkneten, in 12 Portionen teilen, zu Kugeln formen und jeweils auf der mit Mehl bestäubten Arbeitsfläche dünn rund ausrollen. Dann entweder die Teigkreise zu spitzen Tüten rollen, etwas Füllung hineingeben und verschließen. Dazu die Teigränder mit kaltem Wasser einpinseln, die Ränder gut zusammendrücken. Oder die Teigkreise in der Mitte mit Füllung belegen, den Teig darüber zusammennehmen und andrücken.

6 Für die Minzesauce die Minze abbrausen und trocken schütteln, die Blättchen abzupfen und grob hacken. Die Chilischoten waschen und die Stiele abschneiden. Die Schoten mit den Kernen fein schneiden. Die Frühlingszwiebeln waschen, putzen und grob hacken. Den Ingwer schälen und ebenfalls hacken.

7 Die Minze mit den Chilis, den Frühlingszwiebeln, dem Ingwer, dem Zucker, dem Zitronensaft und ca. 4 EL kaltem Wasser im Mixer fein pürieren. Minzesauce mit Salz abschmecken.

8 Öl zum Frittieren in einem weiten großen Topf erhitzen. Zur Probe einen hölzernen Kochlöffelstiel ins heiße Fett tauchen. Bilden sich rundherum sofort viele Bläschen, ist es heiß genug. Die Teigtaschen portionsweise im heißen Fett in jeweils 3–4 Minuten rundherum goldgelb frittieren. Die gebackenen Samosas mit einem Schaumlöffel aus dem Topf heben, abtropfen lassen und auf eine dicke Lage Küchenpapier geben, damit auch das restliche Fett noch aufgenommen werden kann.

9 Wenn alle Samosas goldbraun und knusprig ausgebacken sind, zusammen mit der Minzsauce schmecken lassen: einfach mit den Fingern nehmen, in die Sauce tunken und abbeißen.

Knusprige Frühlingsrollen

Fingerfood, das alle mögen

Zutaten für 4 Personen:
50 g Glasnudeln
150 g junge Möhren
2 Frühlingszwiebeln
1 Stück Ingwer (ca. 2 cm)
1 Handvoll gemischte Kräuter (z. B. Zitronenmelisse, Basilikum, Minze und Petersilie)
1 EL Sojasauce
Salz | Pfeffer
3 Blätter veganer Yufka- oder Filoteig (je ca. 30 × x0 cm) oder 12 Frühlingsrollenblätter (je ca. 15 × x5 cm)
2 TL Speisestärke
3/4 l Öl zum Frittieren
süßsaure Chilisauce zum Dippen

Zubereitungszeit: 50 Minuten
Kalorien pro Portion: 335 kcal

1 Glasnudeln in eine Schüssel legen, mit kochend heißem Wasser begießen und in 5 Minuten weich werden lassen.

2 Inzwischen Möhren schälen und erst längs in dünne Scheiben, dann in feine Stifte schneiden. Die Frühlingszwiebeln waschen, putzen und in ca. 4 cm lange Stücke schneiden. Die Stücke der Länge nach in feine Streifen schneiden. Den Ingwer schälen und sehr fein hacken. Die Kräuter abbrausen und trocken schütteln, die Blättchen abzupfen und nicht zu fein hacken.

3 Die Glasnudeln in ein Sieb abgießen, abtropfen lassen und mit der Küchenschere etwas kleiner schneiden. Mit den Möhren, den Zwiebeln und den Kräutern mischen und mit der Sojasauce, Salz und Pfeffer abschmecken.

4 Die Yufka- oder Filoteigblätter in je 4 Quadrate (ca. 15 × x5 cm) schneiden, die Frühlingsrollenblätter ganz lassen.

5 Die Teigblätter mit etwas Abstand nebeneinander auf der Arbeitsfläche auslegen. Nach und nach je 2 EL Füllung im unteren Drittel der Blätter wie eine Rolle formen, dabei rundherum ausreichend Rand frei lassen. Den unteren und die seitlichen Ränder über die Füllung klappen, dann die Blätter von unten her straff zu einer Rolle aufwickeln.

6 Die Stärke mit 1 EL kaltem Wasser glatt verrühren, die offenen Ränder der Teigblätter damit einpinseln und fest an die Rollen drücken.

7 Das Öl zum Frittieren in einem weiten großen Topf erhitzen. Zur Probe einen hölzernen Kochlöffelstiel ins heiße Fett tauchen. Bilden sich rundherum sofort viele Bläschen, ist es heiß genug. Die Frühlingsrollen portionsweise im heißen Fett in jeweils ca. 3 Minuten knusprig frittieren. Gebackene Rollen mit dem Schaumlöffel aus dem Topf heben, abtropfen lassen und auf eine dicke Lage Küchenpapier geben.

8 Die Chilisauce auf vier Schälchen verteilen. Wenn alle Frühlingsrollen frittiert sind, kommen sie auf einer Platte auf den Tisch. Mit den Fingern nehmen, in den Dipp tunken und abbeißen.

TIPP

Die Frühlingsrollen lassen sich gut vorbereiten. Dann auf einer großen Platte nebeneinander bereitlegen und mit Klarsichtfolie abdecken, damit sie nicht austrocknen. So können sie durchaus ein paar Stunden auf ihren Einsatz warten.

Reispapierrollen mit Tofu und Kräutern

Heißen in Vietnam Glücksrollen

Zutaten für 4 Personen:
16 runde Reispapierblätter (22 – 24 cm Ø)
8 dünne Stangen grüner Spargel
Salz
½ Salatgurke
1 Bund Frühlingszwiebeln
je ½ Bund Koriandergrün, Minze und Basilikum
8 Kopfsalatblätter
200 g Tofu
½ l Öl zum Frittieren
2 EL helle Sojasauce
50 g geröstete gesalzene Erdnüsse
1 Stück Ingwer (ca. 2 cm)
1 rote Chilischote
6 EL dunkle Sojasauce
1 EL Reisessig
1 TL Zucker

Zubereitungszeit: 1 Stunde
Kalorien pro Portion: 400 kcal

1 In eine große Schüssel Wasser füllen. Zwei feuchte Küchentücher auf der Arbeitsfläche ausbreiten. Die Reispapierblätter einzeln ins Wasser tauchen, bis sie weicher werden, anschließend auf die Küchentücher legen und mit ebenfalls feuchten Tüchern bedecken.

2 Für die Füllung den Spargel waschen und die holzigen Enden abschneiden, die Stangen halbieren. In einem Topf Wasser zum Kochen bringen, salzen. Den Spargel darin bei starker Hitze in 2 – 3 Minuten bissfest kochen. Kalt abschrecken und abtropfen lassen.

3 Die Gurke schälen, der Länge nach halbieren und die Kerne herauskratzen. Gurke längs in ca. ½ cm breite Streifen schneiden, die Gurkenstreifen halbieren. Die Frühlingszwiebeln waschen, putzen, halbieren und längs in dünne Streifen schneiden. Die Kräuter abbrausen und trocken schütteln, Blättchen abzupfen. Kleine Blättchen ganz lassen, große in kleinere Stücke zupfen. Die Salatblätter abbrausen und trocken tupfen.

4 Den Tofu in ca. 1 cm dicke lange Streifen schneiden, gut trockentupfen und salzen. Öl zum Frittieren in einem weiten großen Topf erhitzen (Temperaturtest siehe links). Tofustreifen darin in ca. 4 Minuten goldbraun frittieren. Mit dem Schaumlöffel herausheben und gut abtropfen lassen, dann auf eine dicke Lage Küchenpapier geben.

5 Nach und nach jeweils 2 Reispapierblätter aufeinanderlegen und mit 1 Salatblatt belegen. Spargel, Gurke, Frühlingszwiebeln und Tofu darauf verteilen, mit der hellen Sojasauce beträufeln. Kräuterblättchen aufstreuen. Die beiden seitlichen Reispapierränder über die Füllung klappen, dann die Blätter von unten her straff zu Rollen aufwickeln. Rollen auf eine Platte legen, bis zum Servieren mit einem feuchten Küchentuch abdecken.

6 Die Erdnüsse fein hacken. Den Ingwer schälen, die Chilischote waschen und den Stiel abschneiden. Die Schote samt Kernen mit dem Ingwer so fein wie möglich hacken. Die dunkle Sojasauce mit Essig und Zucker verrühren und auf vier Schälchen verteilen. Erdnüsse, Ingwer und Chili hineinstreuen.

7 Und das Essen geht so: Glücksrollen in die Hand nehmen, in den Dip tunken und abbeißen.

Frittierter Tempeh mit Guacamole

Schnelle Variante: Guacamole mit Tortillachips

Zutaten für 4 Personen:
1 große vollreife Avocado
1 Bio-Limette
2 Tomaten
je 1/4 Bund Koriandergrün und Petersilie
2 EL Olivenöl
Salz
Chiliflocken nach Geschmack
3/4 l Öl zum Frittieren
200 g Tempeh

Zubereitungszeit: 30 Minuten
Kalorien pro Portion: 280 kcal

1 Die Avocado rundherum bis zum Kern einschneiden. Hälften gegeneinanderdrehen und so auseinanderlösen, den Kern entfernen. Avocado schälen und mit einer Gabel sehr fein zerdrücken.

2 Die Limette heiß waschen und abtrocknen, die Schale fein abreiben und 2 EL Saft auspressen. Tomaten waschen und klein würfeln, die Stielansätze dabei herausschneiden. Die Kräuter abbrausen und trocken schütteln, die Blättchen abzupfen und fein schneiden.

3 Limettenschale und -saft, Tomaten und Kräuter mit dem Olivenöl unter das Avocadopüree rühren. Die Guacamole mit Salz und Chiliflocken abschmecken.

4 Das Öl zum Frittieren in einer Pfanne oder einem weiten großen Topf erhitzen. Zur Probe einen hölzernen Kochlöffelstiel ins heiße Fett tauchen. Bilden sich rundherum sofort viele Bläschen, ist es heiß genug.

5 Das Tempeh in 1/2 cm dicke Scheiben schneiden. Tempehscheiben portionsweise im heißen Fett in je ca. 2 Minuten knusprig frittieren. Tempeh-Chips mit dem Schaumlöffel aus dem Topf heben, abtropfen lassen und auf eine dicke Lage Küchenpapier geben.

6 Die knusprigen Tempeh-Chips mit der Guacamole zum Dippen servieren.
Dazu schmeckt: ein kühles Bier.

Tofubällchen in Tomatensauce

Spanisch inspiriert

Zutaten für 4 Personen:
je 1 Zweig Rosmarin und Salbei
1 Knoblauchzehe
400 g Tofu
2 EL gemahlene Mandeln
2 EL Sojamehl | Salz
1/2 TL Chiliflocken
700 g Tomaten
2 Frühlingszwiebeln
2 EL Olivenöl
1/8 l Gemüsebrühe
2 EL schwarze Oliven
1 TL Ahornsirup
3/4 l Öl zum Frittieren
2 TL Kapern

Zubereitungszeit: 50 Minuten
Kalorien pro Portion: 345 kcal

1 Die Kräuter abbrausen und trocken schütteln, die Blätter abzupfen und fein hacken. Knoblauch schälen und durch die Presse drücken. Den Tofu mit den Händen gut zerdrücken.

2 Vorbereitete Zutaten mit Mandeln und Sojamehl in eine Schüssel geben. Mit Salz und Chiliflocken würzen. Alles so lange durchkneten, bis eine glatte Masse entstanden ist. Daraus gut walnussgroße Bällchen formen.

3 Aus den Tomaten die Stielansätze herausschneiden. Tomaten mit kochend heißem Wasser überbrühen, häuten und klein würfeln. Die Frühlingszwiebeln waschen, putzen, in Ringe schneiden. Öl in einem Topf erhitzen, darin die Zwiebeln andünsten. Tomaten, Brühe und Oliven dazugeben, mit Salz und Sirup würzen. Die Sauce offen bei mittlerer Hitze in 10–15 Minuten dickflüssig einkochen.

4 Inzwischen das Öl zum Frittieren in einem weiten großen Topf erhitzen (Temperaturtest siehe links). Tofubällchen portionsweise ins heiße Fett geben und falls nötig vorsichtig vom Topfboden ablösen. Die Bällchen in 5 Minuten goldbraun frittieren. Mit dem Schaumlöffel herausheben, abtropfen lassen und auf eine dicke Lage Küchenpapier geben.

5 Tofubällchen und Kapern unter die Sauce mischen, 5 Minuten darin ziehen lassen. **Dazu schmeckt:** Weißbrot.

Scharfe Möhren auf Spinat

Der Orient lässt grüßen

Zutaten für 4 Personen:
500 g junge Möhren
1 rote Chilischote
½ Bio-Zitrone
2 Knoblauchzehen
½ Bund Petersilie
Salz
1 TL gemahlener Kreuzkümmel
4 EL Olivenöl
1 Handvoll junge Spinatblätter

Zubereitungszeit: 25 Minuten
+ 4 Stunden Marinieren
Kalorien pro Portion: 120 kcal

1 Möhren schälen und leicht schräg in knapp 1 cm dicke Scheiben schneiden. Chilischote waschen, entstielen und mit den Kernen fein hacken. Zitronenhälfte heiß waschen und abtrocknen, Schale fein abreiben und den Saft auspressen. Knoblauch schälen. Petersilie abbrausen und trocken schütteln, Blättchen abzupfen und mit dem Knoblauch fein hacken.

2 Die Möhren mit 100 ml Wasser, der Chili und Salz in einem Topf zum Kochen bringen und zugedeckt bei schwacher Hitze in ca. 5 Minuten bissfest garen.

3 Zitronensaft und -schale mit Salz und Kreuzkümmel verrühren. Olivenöl nach und nach mit einer Gabel unterschlagen, bis eine cremige Sauce entstanden ist.

4 Möhren in ein Sieb abgießen und kurz abtropfen lassen. Dann in einer Schüssel mit der Sauce, Petersilie und Knoblauch mischen. Abschmecken und abgedeckt ca. 4 Stunden bei Zimmertemperatur marinieren lassen.

5 Dann die Spinatblätter in stehendem Wasser gründlich waschen und in einer Salatschleuder trocken schleudern oder im Sieb abtropfen lassen. Den Spinat auf vier Schälchen verteilen und die Möhren darauf anrichten.

TIPP

Unbedingt auch mal probieren: statt der Möhren auf diese Weise Topinambur oder Steckrüben zubereiten. Sehr fein!

Falafel mit Tomaten-Dattel-Salat

Wie aus 1001 Nacht

Zutaten für 4 Personen:
Für die Falafel:
250 g getrocknete gelbe oder grüne Erbsen (ersatzweise Kichererbsen)
1 große Zwiebel
2 Knoblauchzehen
je ½ Bund Koriandergrün
Minze und Petersilie
je 1 geh. TL gemahlener Koriander
gemahlener Kreuzkümmel und rosenscharfes Paprikapulver
Salz
1 TL Backpulver
¾ l Öl zum Frittieren
Für den Salat:
100 g Datteln (frisch oder getrocknet)
500 g Tomaten
2 Frühlingszwiebeln
¼ Bund Koriandergrün
½ Bund Petersilie
2 EL Zitronensaft
½ TL Chiliflocken
Salz
4 EL Olivenöl

Zubereitungszeit: 50 Minuten
+ 8 Stunden Quellen
Kalorien pro Portion: 385 kcal

1 Für die Falafel die Erbsen in eine Schüssel geben, mit Wasser bedecken und ca. 8 Stunden quellen lassen.

2 Dann die Zwiebel und den Knoblauch schälen und klein würfeln. Die Kräuter abbrausen und trocken schütteln, die Blättchen abzupfen und grob hacken.

3 Erbsen in ein Sieb abgießen und abtropfen lassen. Mit Zwiebel, Knoblauch und Kräutern in der Küchenmaschine (mit Schneideeinsatz) oder im Mixer zu einer glatten Masse verarbeiten. Mit den Gewürzen und Salz abschmecken, dann das Backpulver untermischen. Aus der Masse ca. 25 Bällchen formen.

4 Für den Salat die Datteln entsteinen und in kleine Würfel schneiden. Tomaten waschen und ebenfalls würfeln, dabei die Stielansätze entfernen. Frühlingszwiebeln waschen, putzen, fein hacken. Kräuter abbrausen, trocken schütteln und die Blättchen ebenfalls fein hacken.

5 Zitronensaft mit Chiliflocken und Salz verrühren. Das Olivenöl nach und nach mit einer Gabel unterschlagen, bis eine cremige Sauce entstanden ist. Datteln, Tomaten, Zwiebeln und Kräuter untermischen und den Salat abschmecken.

6 Öl zum Frittieren in einem weiten großen Topf erhitzen (Temperaturtest siehe TIPP rechts). Falafel portionsweise im heißen Fett in jeweils ca. 5 Minuten knusprig frittieren. Fertige Bällchen mit dem Schaumlöffel aus dem Topf heben, abtropfen lassen und auf eine dicke Lage Küchenpapier geben.

7 Wenn alle Bällchen frittiert sind, die Falafel mit dem Tomaten-Dattel-Salat servieren. **Dazu schmeckt:** Fladenbrot.

Frittierter Blumenkohl mit grüner Sauce

Indisch-italienische Kombi

Zutaten für 4 Personen:
2 Scheiben (Vollkorn-)Toastbrot
1 Bund gemischte Kräuter (Fertig-Mix für Salat oder für grüne Sauce oder auch eine eigene Mischung: Sauerampfer, Borretsch, Estragon, Rucola, Petersilie und Zitronenmelisse)
1 Tomate (ca. 100 g)
1 EL Kapern
1 EL Zitronensaft
5 EL Olivenöl
Salz | Pfeffer
150 g Kichererbsenmehl (+ etwas mehr zum Wenden)
1 TL neutrales Öl
1 kleiner Blumenkohl (ca. 600 g)
3/4 l Öl zum Frittieren

Zubereitungszeit: 40 Minuten
Kalorien pro Portion: 345 kcal

1 Für die Sauce das Toastbrot in einer Schüssel knapp mit Wasser bedecken und weich werden lassen. Die Kräuter abbrausen und trocken schütteln, die Blättchen abzupfen und grob hacken. Die Tomate waschen und grob würfeln, dabei den Stielansatz entfernen.

2 Das Brot ausdrücken und mit den Kräutern, der Tomate, den Kapern, dem Zitronensaft und dem Olivenöl im Mixer fein pürieren. Sauce mit Salz und Pfeffer würzen und auf Schälchen verteilen.

3 Für den Ausbackteig Kichererbsenmehl in einer Schüssel mit 2 TL Salz vermischen. Neutrales Öl und 200 ml lauwarmes Wasser mit dem Schneebesen unterschlagen. Es sollte ein eher dickflüssiger, aber doch geschmeidiger Teig entstehen. Teig bei Zimmertemperatur ca. 15 Minuten quellen lassen.

4 Inzwischen den Blumenkohl gründlich waschen, den Stiel abschneiden und die Blätter abtrennen. Blumenkohl in die einzelnen Röschen teilen, Stiel in mundgerechte Stücke schneiden.

5 Öl zum Frittieren in einem weiten großen Topf erhitzen (Temperaturtest siehe TIPP unten). Teig noch mal durchrühren und etwas Kichererbsenmehl in einen Teller geben.

6 Den Blumenkohl portionsweise in dem Kichererbsenmehl wenden, dann durch den Teig ziehen und in das heiße Fett geben. In ca. 4 Minuten goldbraun backen. Fertigen Blumenkohl mit einem Schaumlöffel aus dem Topf heben, abtropfen lassen und auf eine dicke Lage Küchenpapier geben.

7 Wenn alle Blumenkohlstücke frittiert sind, gleich mit der grünen Sauce auf den Tisch stellen.

Basic-TIPP

Angst vor zu viel Fett beim Frittieren? Ist doch ungesund! Das muss aber nicht sein, wenn man weiß, wie es richtig geht: Ist das Fett heiß genug, bildet das Frittiergut sofort nach dem Eintauchen eine Kruste und es kann kein zusätzliches Fett eindringen. Um die Fetttemperatur zu testen, einfach den Stiel eines hölzernen Kochlöffels ins Fett tauchen. Es ist heiß genug, wenn an dem Löffelstiel sofort viele kleine Bläschen hochsteigen.

Salate & Suppen

Was Frisches zum Gabeln oder was Warmes zum Löffeln. Was Leichtes für den kleinen Hunger oder was Gehaltvolles zum Sattwerden? Aus Schüssel und Suppentopf ist das fast immer mit wenig Aufwand und viel Abwechslung zu haben: ein großer Berg Blattsalat mit Melone und Kräutern, ein herbstlicher Bohnen-Kürbis-Salat, ein bunter Gemüsesalat mit Chili-Dressing, eine Thai-Suppe mit Kokosmilch und Gemüse und ein würziges Dal – man muss nur noch zugreifen.

Was
ist eigentlich …

veganer Käse?

Das Prinzip funktioniert wie beim »normalen« Käse. Für ihn wird Milch erhitzt und mit Lab zum Gerinnen gebracht, das ausgeflockte Eiweiß wird abgeschöpft und zum Abtropfen in eine Form gegeben. Danach wird gepresst und der Käse jung gegessen oder aber zum Reifen hingelegt. Genauso geht das bei veganem Käse, nur dass die Milch nicht von der Kuh kommt, sondern von Nüssen zum Beispiel, und kein Lab verwendet wird. Was dabei rauskommt, ist sehr unterschiedlich und trifft nicht unbedingt jedermanns Geschmack. Veganer Käse kommt darum in diesem Buch nicht vor. Aber es gilt: Ausprobieren und selber entscheiden!

Vegan ist überall:

Asien

Buddhistische Mönche dürfen keine Lebewesen töten und auch nicht dafür verantwortlich sein, dass andere das für sie tun. Sie essen also grundsätzlich nichts von Tieren, weswegen sie bereits vor langer Zeit den Seitan erfunden haben. Und auch der Tofu stammt aus Asien, wo er ganz oft auf der Speisekarte steht. Kein Wunder, schließlich gibt es dort nicht nur ein oder zwei Sorten, sondern unglaublich viele. Und die Qualität ist 1 a. Vielleicht arbeitet bei dem Hersteller, der meinen Lieblingstofu macht, ja ein asiatischer Tofuprofi. Der schmeckt nämlich viel besser als alle anderen, die ich kenne!

Unsere Lieblingssauce:

Kräuterdressing

Salat mögen wir - oft oder sogar immer. Und manchmal auch schnell. Für solche Fälle haben wir die Sauce gern schon im Kühlschrank. Aber nicht gekauft! Selbst gemacht: 1 Bund gemischte Kräuter unter den kalten Wasserstrahl halten, dann trocken schütteln. Die Blättchen abzupfen und mit dem großen Messer kreuz und quer kurz drüberhacken (damit sie nachher nicht die Schneidemesser des Mixers verkleben). Mit 4 EL Zitronensaft, 2 TL scharfem Senf, 1 TL Ahornsirup und 10 EL Öl (wir schwören auf Olivenöl!) in den Mixer füllen und gut durchmixen. Salzen und - wer mag - auch pfeffern. Das Dressing in ein Schraubglas (ca. 200 ml) füllen und in den Kühlschrank stellen. Da könnte es jetzt ungefähr 1 Woche bleiben - schafft das bei uns aber nie!

Wie schaut's aus mit ... ***Eisen?***

Wir brauchen es für den Sauerstofftransport im Blut und für viele Stoffwechselvorgänge. Veganer versorgen sich mit diesem wichtigen Spurenelement durch Getreide(artiges) (vor allem Amaranth, Quinoa und Hirse), grünes Gemüse wie Mangold und Petersilie, Hülsenfrüchte (vor allem Linsen und Kichererbsen) und Nüsse & Co. (Kürbiskerne und Sesam). Und wer clever kombiniert, kriegt noch mehr davon: Der Körper kann Eisen besser aufnehmen, wenn er gleichzeitig Vitamin C erhält. Also so viel wie möglich Vitamin-C-Stars wie Paprikaschoten, Sauerkraut, anderen Kohl, Orangen- oder Zitronensaft dazu essen.

Blattsalat mit Melone und Kräutern

Richtig schön sommerlich

Zutaten für 4 Personen:
1 kleiner grüner oder roter Kopfsalat
50 g Rucola
1 Bund gemischte Kräuter für Salat (z. B. Zitronenmelisse, Sauerampfer, Brunnenkresse, Basilikum, Petersilie, Dill und Schnittlauch)
½ Honigmelone
1 ½ EL Zitronensaft
2 TL Holunderblütensirup oder Agavendicksaft
1 TL scharfer Senf
Salz
Pfeffer
5 EL Olivenöl
50 g Mandelblättchen

Zubereitungszeit: 25 Minuten
Kalorien pro Portion: 335 kcal

1 Die Kopfsalatblätter vom Strunk abtrennen und mit dem Rucola in stehendem kaltem Wasser gut waschen. Gründlich trocken schleudern und größere Blätter in mundgerechte Stücke zupfen. Vom Rucola die dicken Stiele entfernen. Die Kräuter abbrausen und trocken schütteln, die Blättchen von den dicken Stielen befreien. Größere Blätter ebenfalls kleiner zupfen.

2 Aus der Melone die Kerne mit einem Löffel herauskratzen. Melone in dicke Spalten schneiden, schälen und dann in nicht zu kleine Würfel oder auch dünne Schnitze schneiden.

3 Für die Salatsauce den Zitronensaft mit Holunderblütensirup oder Agavendicksaft, Senf, Salz und Pfeffer gründlich verrühren. Nach und nach mit der Gabel 4 EL Olivenöl kräftig unterschlagen, bis eine cremige Sauce entstanden ist.

4 Übriges Öl in einer Pfanne erhitzen. Die Mandelblättchen hineingeben und unter Rühren bei mittlerer Hitze rösten, bis sie goldgelb sind, leicht salzen.

5 In einer großen Schüssel Kopfsalat, Rucola, Kräuter und die Melone locker mit der Salatsauce mischen, dann auf Teller verteilen. Die Mandelblättchen aufstreuen und den Salat gleich essen.

Variante: Wintersalat mit Pilzen und Kokostofu

150 g Feldsalat und ca. 80 g Radicchioblätter waschen und trocken schleudern, den Radicchio in mundgerechte Stücke zupfen. 250 g (braune) Champignons oder Egerlinge putzen und in dünne Scheiben schneiden. 2 EL milden Essig mit 1 TL Ahornsirup und Salz verrühren. 4 EL Olivenöl nach und nach mit einer Gabel unterschlagen, bis eine cremige Salatsauce entstanden ist. Pilze unter die Sauce mischen. 3 EL Kokosraspel auf einem Teller mit Chiliflocken nach Geschmack mischen und mit Salz würzen. 300 g Tofu in knapp 1 cm große Würfel schneiden und in den Kokosraspeln wenden. 2 EL neutrales Öl in einer beschichteten Pfanne erhitzen, die Tofuwürfel einlegen und bei mittlerer bis starker Hitze ca. 10 Minuten braten, bis sie schön braun sind. Die Salatblätter zu den Pilzen geben, untermischen und eventuell noch nachwürzen. Den Salat auf Tellern verteilen und den Tofu daraufgeben. Die übrigen Kokosraspel aus der Pfanne über den Salat streuen.

Basic-TIPP

Auf gut sortierten Märkten gibt es gemischte Kräuter im Bund für verschiedene Verwendungsmöglichkeiten. Wer keine fertigen Kräutermischungen findet, kombiniert selber und beschränkt sich dann auf zwei, drei Sorten, z. B. Zitronenmelisse, Basilikum und Schnittlauch.
Nicht nur Kräuter, sondern auch essbare Blüten machen sich gut zusammen mit Blattsalaten. Besonders fein schmecken Rosenblätter, Gänseblümchen und Kapuzinerkresseblüten. Aber auch die zart duftenden Holunderblüten sind ungewöhnlich köstlich.

Nizza-Salat

Ist im Hochsommer schön erfrischend und macht angenehm satt

Zutaten für 4 Personen:
400 g festkochende Kartoffeln
400 g grüne Bohnen
4 Stängel Bohnenkraut (falls man es nicht bekommt, einfach weglassen)
Salz
300 g Tomaten
½ Salatgurke
1 rote oder gelbe Paprikaschote
2 Frühlingszwiebeln
1 kleiner Romana- oder grüner oder roter Kopfsalat
3 EL Zitronensaft
1 TL scharfer Senf
Pfeffer
7 EL Olivenöl
100 g schwarze oder grüne Oliven
1 EL kleine Basilikumblättchen

Zubereitungszeit: 40 Minuten
Kalorien pro Portion: 320 kcal

1 Die Kartoffeln waschen und in einem Topf knapp mit Wasser bedecken. Zum Kochen bringen und zugedeckt bei mittlerer Hitze in 20 – 30 Minuten weich garen. Abgießen und ausdampfen lassen.

2 Inzwischen die Bohnen waschen. Die Enden abschneiden und falls sich dabei Fäden lösen, einfach mit abziehen. Die Bohnen in 3 cm lange Stücke schneiden. Das Bohnenkraut abbrausen, mit Wasser in einen Topf geben und aufkochen. Das Wasser salzen und die Bohnen darin in ca. 8 Minuten bissfest garen. In ein Sieb abgießen, kalt abschrecken und gut abtropfen lassen.

3 Die Tomaten waschen und in kleine Würfel schneiden, dabei die Stielansätze entfernen. Die Salatgurke waschen und ebenfalls klein würfeln. Paprikaschote durch den Stiel vierteln, putzen, waschen und in feine Streifen schneiden. Frühlingszwiebeln waschen, putzen und in feine Ringe schneiden.

4 Salatblätter vom Strunk abtrennen, waschen und trocken schleudern. Die Kartoffeln pellen und in kleine Würfel oder dünne Spalten schneiden.

5 Für die Salatsauce den Zitronensaft mit Senf, Salz und Pfeffer verrühren. Das Olivenöl nach und nach mit einer Gabel unterschlagen, bis eine cremige Sauce entstanden ist.

6 In einer Schüssel alle Salatzutaten locker mit der Sauce mischen und dann auf Teller verteilen. Mit den Oliven und den Basilikumblättchen bestreuen und den Salat schmecken lassen.

Bohnen-Kürbis-Salat

Wenn's schnell gehen muss, auch mit Bohnen oder Kichererbsen aus der Dose fein

Zutaten für 4 Personen:
100 g getrocknete Borlottibohnen
2 Lorbeerblätter
1 getrocknete Chilischote
1 Stück Kürbis (ca. 500 g, Butternut- oder Muskatkürbis)
1 Bund Frühlingszwiebeln
3 EL Apfelessig
1 TL körniger Senf
1 TL süßer Senf
Salz | Pfeffer
2 EL neutrales Öl
3 EL Kürbiskernöl
4 EL Kürbiskerne

Zubereitungszeit: 25 Minuten
+ 8 Stunden Quellen
+ 1 – 1 ½ Stunden Kochen
Kalorien pro Portion: 295 kcal

1 Die Bohnen in einer Schüssel mit Wasser bedecken und mind. 8 Stunden quellen lassen.

2 Dann Bohnen in ein Sieb abgießen und in einen Topf geben. Mit frischem Wasser bedecken. Lorbeerblätter dazugeben, die Chili leicht andrücken und ebenfalls dazugeben. Das Wasser zum Kochen bringen und die Bohnen bei mittlerer Hitze und halb geschlossenem Deckel in 1 – 1 ½ Stunden weich, aber nicht zu weich garen. Abgießen und abkühlen lassen.

3 Aus dem Kürbis die Kerne mitsamt dem faserigen Fruchtfleisch mit einem Löffel herausschaben. Kürbis in Spalten teilen und die Schale abschneiden. Den Kürbis in 1 cm große Würfel schneiden und in einen Dämpfeinsatz legen.

4 In einem weiten Topf, in den der Dämpfeinsatz passt, 2 cm hoch Wasser zum Kochen bringen. Den Dämpfeinsatz in den Topf stellen und den Kürbis zugedeckt bei starker Hitze in ca. 5 Minuten bissfest dämpfen. Herausheben und abkühlen lassen. Die Frühlingszwiebeln waschen, putzen und fein schneiden.

5 Für die Sauce den Apfelessig mit den beiden Senfsorten, Salz und Pfeffer gut verrühren. Die beiden Ölsorten nach und nach mit einer Gabel unterschlagen, bis eine cremige Sauce entstanden ist. Die Kürbiskerne in einer Pfanne ohne Fett bei mittlerer Hitze unter Rühren anrösten, bis sie sich leicht aufblähen.

6 Den Kürbis und die Bohnen mit den Frühlingszwiebeln und der Salatsauce mischen und abschmecken. Die Kürbiskerne aufstreuen und den Salat auf den Tisch stellen.

Glasnudelsalat mit Gemüse

Leichtes Sommeressen zum Sattwerden

Zutaten für 4 Personen:
200 g grüner Spargel (eher dünne Stangen)
1 dicke Möhre
2 Stangen Staudensellerie
2 EL neutrales Öl | Salz
1 milde rote Zwiebel
1 Stück Salatgurke (ca. 150 g)
1 Tomate | ½ Bund Koriandergrün
50 g geröstete gesalzene Erdnüsse
200 g Glasnudeln
1 Bio-Limette | 2 EL Sojasauce
4 EL Gemüsebrühe
1 TL Ahornsirup | 1 TL Chiliflocken

Zubereitungszeit: 35 Minuten
Kalorien pro Portion: 340 kcal

1 Spargel waschen und die holzigen Enden abschneiden, die Stangen in ca. 3 cm lange Stücke schneiden. Die Möhre schälen, den Sellerie waschen und putzen, beides in Stifte schneiden.

2 Das Öl in einer Pfanne erhitzen. Das Gemüse dazugeben, salzen und bei starker Hitze unter Rühren in 2 – 3 Minuten bissfest braten. Vom Herd nehmen.

3 Zwiebel schälen, vierteln, in feine Streifen schneiden. Gurke schälen und ebenfalls in feine Streifen schneiden. Die Tomate waschen und grob würfeln, dabei Stielansatz entfernen. Koriander abbrausen, trocken schütteln und fein hacken. Erdnüsse ebenfalls fein hacken.

4 Wasser zum Kochen bringen. Die Glasnudeln damit übergießen und ca. 4 Minuten ziehen lassen, bis sie geschmeidig sind. Dann in einem Sieb abtropfen lassen und mit einer Küchenschere kleiner schneiden.

5 Die Limette heiß waschen und abtrocknen, die Hälfte der Schale fein abreiben und ca. 3 EL Saft auspressen. Mit Sojasauce und Brühe, Ahornsirup, Salz und den Chiliflocken verrühren.

6 Die Zwiebel, die Gurke, die Tomate und den Koriander mit den Nudeln, dem gebratenen Gemüse und der Sauce vermischen. Salat abschmecken und mit den Erdnüssen bestreuen.

Rote-Bete-Apfel-Salat

Vitaminbombe für den Winter

Zutaten für 4 Personen:
400 g Rote Beten
2 säuerliche Äpfel
1 EL Zitronensaft
1 Bund Schnittlauch
1 Frühlingszwiebel
2 Gewürzgurken
200 g Räuchertofu
4 EL Gemüsebrühe
1 EL Apfelessig
1 TL scharfer Senf
50 g vegane Mayonnaise
Salz | Pfeffer
gemahlener Kümmel (nach Belieben)

Zubereitungszeit: 30 Minuten
+ 40 – 60 Minuten Garen
Kalorien pro Portion: 205 kcal

1 Die Roten Beten gründlich waschen und in einem Topf mit Wasser bedecken. Zum Kochen bringen und bei mittlerer Hitze zugedeckt in 40 – 60 Minuten (je nach Größe der Knollen) weich garen.

Anschließend die Roten Beten abgießen, kurz kalt abschrecken und lauwarm abkühlen lassen.

2 Inzwischen Äpfel vierteln, schälen, entkernen, klein würfeln und gleich mit dem Zitronensaft mischen, damit sie sich nicht braun verfärben. Den Schnittlauch abbrausen, trocken schütteln und in feine Röllchen schneiden. Die Frühlingszwiebel waschen, putzen und ganz fein schneiden. Die Gewürzgurken und den Räuchertofu klein würfeln.

3 Die Roten Beten schälen und ebenfalls klein würfeln. Wer vermeiden will, dass sich seine Hände dabei rot färben, zieht besser Einmalhandschuhe an.

4 Für die Sauce die Gemüsebrühe mit dem Essig, dem Senf und der Mayonnaise verrühren und mit Salz, Pfeffer und eventuell Kümmel würzen.

5 Die Roten Beten mit Äpfeln, Schnittlauch, Frühlingszwiebel, Gewürzgurken und Räuchertofu gründlich unter die Sauce mischen. Den Salat abschmecken und gleich servieren oder bis dahin im Kühlschrank ziehen lassen.

Brot-Gemüse-Salat

Gibt's von Italien bis nach Arabien

Zutaten für 4 Personen:
250 g grüne Bohnen
4 Stängel Bohnenkraut | Salz
1 milde rote oder weiße Zwiebel
300 g Tomaten
1 gelbe Paprikaschote
½ Salatgurke
150 g altbackenes Brot (hell oder dunkel, aber kein Sauerteigbrot)
3 EL Rotweinessig | Pfeffer
6 EL Olivenöl
2 EL grüne oder schwarze Oliven
1 EL kleine Kapern (nach Belieben)
Basilikumblättchen zum Bestreuen

Zubereitungszeit: 35 Minuten
+ 1 Stunde Ruhen
Kalorien pro Portion: 385 kcal

1 Die Bohnen waschen und die Enden abschneiden. Wenn sich dabei Fäden ablösen, einfach abziehen. Die Bohnen in 2 – 3 cm lange Stücke schneiden.

2 Das Bohnenkraut abbrausen und in einem Topf mit Wasser zum Kochen bringen. Salzen, die Bohnen dazugeben und bei starker Hitze 6 – 8 Minuten kochen lassen, bis sie bissfest sind. In ein Sieb abgießen, kalt abschrecken und gut abtropfen lassen.

3 Inzwischen Zwiebel schälen, vierteln, in feine Streifen schneiden. Die Tomaten waschen und würfeln, dabei die Stielansätze entfernen. Paprikaschote vierteln, putzen, waschen und in feine Streifen schneiden. Gurke waschen und würfeln.

4 Das Brot in ca. 1 cm große Würfel schneiden und in einer großen Pfanne ohne Fett bei mittlerer bis starker Hitze unter Rühren rösten, bis es knusprig ist.

5 Den Essig mit Salz und Pfeffer gut verrühren. Das Öl mit einer Gabel unterschlagen, bis eine cremige Sauce entstanden ist. Das Brot, die Zwiebel, alle Gemüse, die Oliven und eventuell die Kapern untermischen. Salat ca. 1 Stunde ziehen lassen. Dann noch einmal durchrühren, eventuell nachwürzen und die Basilikumblättchen aufstreuen. Fertig!

Quinoasalat mit Kräutern

Schmeckt auch am nächsten Tag noch super

Zutaten für 4 Personen:
200 g roter oder weißer Quinoa
450 ml Gemüsebrühe
1 Handvoll gemischte Kräuter (z. B. Zitronenmelisse, Basilikum, Petersilie, Dill und Schnittlauch)
1 Handvoll Rucola oder junger Blattspinat
300 g frische Tomaten
2 getrocknete Tomaten (in Öl)
2 EL milder Essig
Salz | Pfeffer
1 Prise Chiliflocken
4 EL Rapsöl

Zubereitungszeit: 40 Minuten
Kalorien pro Portion: 290 kcal

1 Quinoa und Gemüsebrühe in einem Topf zum Kochen bringen. Zugedeckt bei schwacher Hitze in ca. 15 Minuten körnig ausquellen lassen. Deckel abnehmen und die Körner auskühlen lassen.

2 Inzwischen die Kräuter abbrausen und trocken schütteln, die Blättchen abzupfen und fein hacken.

3 Den Rucola oder den Spinat von den dicken Stielen befreien und in stehendem kaltem Wasser mehrmals gründlich waschen. Gut trocken schleudern und vier Teller damit auslegen.

4 Die frischen Tomaten waschen und in kleine Würfel schneiden, dabei die Stielansätze entfernen. Getrocknete Tomaten kurz abtropfen lassen und ebenfalls in kleine Würfel schneiden.

5 Für die Sauce den Essig mit Salz, Pfeffer und Chiliflocken gut verrühren. Das Öl nach und nach mit einer Gabel unterschlagen, bis eine cremige Sauce entstanden ist.

6 Den Quinoa mit Kräutern, Tomaten und der Salatsauce mischen und abschmecken. Den Quinoasalat auf den Rucola- oder Spinatblättern anrichten.
Dazu schmeckt: Brot, wenn der Salat als Imbiss gedacht ist, oder gebratener Tofu, wenn man richtig satt werden möchte.

Couscoussalat mit Petersilie

Heißt in seiner libanesischen Heimat Taboulé und versorgt uns dank einer Menge Petersilie mit ganz viel Vitamin C

Zutaten für 4 Personen:
200 g Couscous | 1 Salatgurke
1 Bund Frühlingszwiebeln
je 1 rote und gelbe Paprikaschote
2 Bund Petersilie (ca. 100 g)
½ Bund Minze | 4 EL Zitronensaft
Salz | 1 TL Harissa
1 TL Ahornsirup | 6 EL Olivenöl
4 EL Pinienkerne oder Mandelstifte

Zubereitungszeit: 35 Minuten
Kalorien pro Portion: 450 kcal

1 Couscous in einer Schüssel knapp mit heißem Wasser bedecken. Quellen lassen, bis alles andere vorbereitet ist.

2 Gurke schälen oder waschen, klein würfeln. Die Frühlingszwiebeln waschen, putzen und längs vierteln. Paprikaschote putzen, waschen und der Länge nach in

1 cm breite Streifen schneiden. Kräuter abbrausen und trocken schütteln, Blättchen abzupfen und nicht zu fein hacken.

3 Zitronensaft mit Salz, Harissa und Ahornsirup verrühren. Dann 4 EL Olivenöl mit einer Gabel unterschlagen, bis eine sämige Sauce entstanden ist.

4 Übriges Öl in einer Pfanne erhitzen. Darin die Pinienkerne oder Mandelstifte unter Rühren goldgelb anrösten und mit dem Schaumlöffel wieder herausheben. Zwiebeln und Paprika ins Öl geben und salzen, unter Rühren bei starker Hitze in 3–4 Minuten bissfest braten.

5 Gurke und Kräuter mit der Sauce zum Couscous geben und gut durchmischen. Den Couscous abschmecken und auf vier Teller verteilen. Das gebratene Gemüse darauflegen, Pinienkerne oder Mandelstifte aufstreuen. Salat gleich servieren.

TIPP
In vielen Bioläden gibt es inzwischen Couscous nicht nur aus Weizen, sondern auch aus anderen Getreidearten wie Buchweizen. Einfach mal ausprobieren. Ebenfalls sehr gut: feiner Bulgurschrot.

Sauerkraut-Nuss-Rohkost

Vitaminpower – nicht nur für Herbst und Winter

Zutaten für 4 Personen:
50 g Haselnüsse
1 Frühlingszwiebel
1 säuerlicher Apfel
1 EL Zitronensaft
250 g rohes Sauerkraut
2 TL Haselnussmus
2 EL Gemüsebrühe
1 EL Apfelessig
Salz | Pfeffer
½ TL gemahlener Koriander oder Kreuzkümmel
3 EL neutrales Öl

Zubereitungszeit: 20 Minuten
Kalorien pro Portion: 195 kcal

1 Die Haselnüsse nicht zu fein hacken. Eine kleine Pfanne erhitzen und darin die Nüsse ohne Fett unter Rühren bei mittlerer Hitze anrösten, bis sie leicht gebräunt sind und fein duften. Aus der Pfanne nehmen.

2 Frühlingszwiebel waschen, putzen, in feine Ringe oder Streifen schneiden. Den Apfel vierteln, schälen und entkernen. Die Apfelviertel fein raspeln und gleich mit dem Zitronensaft mischen, damit sie sich nicht braun verfärben. Das Sauerkraut in einem Sieb abtropfen lassen und mit zwei Gabeln zerpflücken.

3 Für die Salatsauce das Haselnussmus mit Gemüsebrühe und Apfelessig mit einem kleinen Schneebesen gut verrühren. Mit Salz, Pfeffer und Koriander oder Kreuzkümmel würzen. Dann das Öl nach und nach unterschlagen.

4 Das Sauerkraut mit der Frühlingszwiebel, dem Apfel und der Sauce gut vermischen und abschmecken. Vor dem Servieren die Haselnüsse aufstreuen.

TIPP
Rohes Sauerkraut gibt's im Winter oft auch ganz frisch abgepackt in der Kühltheke, aber aus der Dose schmeckt es ebenfalls sehr gut. Hauptsache es ist ungekocht!

Gemüsesalat mit Chilidressing

Thailändisch inspiriert

Zutaten für 4 Personen:
1 kg gemischte Gemüse (z. B. Zuckerschoten, Brokkoli, Paprikaschoten, Fenchel, Rettich und Möhren)
Salz
1 rote Chilischote
1 Stück Ingwer (ca. 1 cm)
2 Frühlingszwiebeln
je 4 Stängel Basilikum und Koriandergrün
1 Bio-Limette
4 EL Gemüsebrühe
2 TL Ahornsirup oder Agavendicksaft
4 EL Öl

Zubereitungszeit: 40 Minuten
Kalorien pro Portion: 130 kcal

1 Das Gemüse waschen oder schälen. Von den Zuckerschoten die Enden abschneiden und eventuell die Fäden abziehen. Vom Brokkoli die Röschen abtrennen, die Stiele schälen und klein würfeln. Die Paprika putzen, nochmals waschen und dann in dünne Streifen schneiden. Den Fenchel vierteln, vom Mittelstrunk befreien und ebenfalls in dünne Streifen schneiden. Rettich und Möhren in dickere Stifte schneiden.

2 In einem großen Topf ausreichend Wasser zum Kochen bringen und kräftig salzen. Fenchel und Möhren zuerst ins Wasser geben und ca. 2 Minuten sprudelnd kochen lassen, dann das übrige Gemüse auch dazugeben und alles noch einmal 2 – 4 Minuten weiterkochen, bis alle Gemüse bissfest sind. In ein großes Sieb abschütten, gut kalt abschrecken und abtropfen lassen.

3 Fürs Salatdressing die Chilischote waschen und den Stiel abschneiden. Wer gerne scharf isst, hackt die Schote jetzt mitsamt den Kernen, sonst diese vorher entfernen. Den Ingwer schälen und fein schneiden. Frühlingszwiebeln waschen, putzen und in feine Streifen schneiden. Die Kräuter abbrausen und trocken schütteln, Blättchen abzupfen und fein hacken.

4 Die Limette heiß waschen und abtrocknen, die Schale fein abreiben und 3 – 4 EL Saft auspressen. Beides mit der Gemüsebrühe und dem Sirup oder Dicksaft verrühren. Dann nach und nach das Öl unterschlagen. Chili, Ingwer, Kräuter und Frühlingszwiebeln untermischen und das Dressing salzen.

5 Das Dressing mit dem Gemüse mischen und abschmecken. Am besten vor dem Essen noch ein Viertelstündchen warten und den Salat kurz ziehen lassen. Wer aber schon sehr hungrig ist, kann ihn natürlich auch gleich essen.

Variante: Tomatensalat mit Sesam-Kokos-Sauce

2 EL Sesamsamen in einer Pfanne ohne Fett unter Rühren anrösten, bis sie zu springen anfangen. Dann im Mörser mit 2 TL Salz so fein wie möglich zerstoßen. Die Sesamsamen mit 1 EL Limettensaft, 1 EL Sesammus und 50 ml Kokosmilch gründlich verrühren, mit Salz würzen. 600 g Tomaten waschen und in Spalten schneiden, dabei Stielansätze herausschneiden. 1 Bund Frühlingszwiebeln waschen, putzen, in 5 cm lange Stücke schneiden. Frühlingszwiebelstücke längs in feine Streifen schneiden. Die Tomaten und Zwiebeln mit 1 fein gehackten roten Chilischote und der Sauce mischen, abschmecken. Mit wenig gehacktem Koriandergrün bestreuen.

Basic-TIPP

Mit Chilischoten ist es so eine Sache, manche sind klein und höllisch scharf, andere groß und fast mild. Eins ist aber allen gemeinsam: von außen kann man die Schärfe nie beurteilen. Darum zum Prüfen am besten die Schote aufschneiden, mit der Fingerspitze leicht über die Schnittstelle streifen und die Fingerspitze vorsichtig abschlecken. Man spürt die Schärfe sofort. Aber auch wenn sie extrem ist, ist sie trotzdem nicht so intensiv, dass einem die Luft wegbleibt. Nun kann man einfach ganz nach Schärfewunsch weniger oder mehr Chili(s) nehmen!

Gazpacho mit Mandeln

Kernig Verfeinertes für den Hochsommer

Zutaten für 4 Personen:
1 milde weiße oder rote Zwiebel
1 Salatgurke
500 g Tomaten
1 gelbe oder rote Paprikaschote
5 EL Olivenöl
30 g gemahlene Mandeln
2 EL Weißweinessig
Salz | Pfeffer
2 Stängel Minze
4 EL Mandelblättchen
2 Knoblauchzehen

Zubereitungszeit: 30 Minuten
+ 1 Stunde Kühlen
Kalorien pro Portion: 265 kcal

1 Zwiebel schälen und grob hacken. Die Gurke schälen und der Länge nach halbieren. Die Kerne mit einem Teelöffel herauskratzen. Eine Gurkenhälfte noch mal teilen und eine Hälfte beiseitelegen, den Rest der Gurke grob zerkleinern. Die Tomaten waschen und grob würfeln, die Stielansätze dabei entfernen. Paprikaschote vierteln, putzen und waschen. Ein Paprikaviertel beiseitelegen, den Rest grob würfeln.

2 In einer kleinen Pfanne 1 EL Öl erhitzen. Die Mandeln einrühren und bei mittlerer Hitze 1 – 2 Minuten unter Rühren rösten. Dann die Mandeln mit der Zwiebel und den Gemüsewürfeln, dem Weinessig, ca. ⅛ l Wasser und weiteren 3 EL Öl im Mixer fein pürieren.

3 Die Suppe mit Salz und Pfeffer abschmecken und mind. 1 Stunde in den Kühlschrank stellen.

4 Vor dem Servieren die beiseitegelegten Gemüsestücke in sehr kleine Würfel schneiden. Die Minze abbrausen und trocken schütteln, Blättchen abzupfen und in feine Streifen schneiden.

5 Das restliche Olivenöl in der kleinen Pfanne erhitzen. Darin die Mandelblättchen bei mittlerer Hitze unter Rühren goldgelb rösten. Den Knoblauch schälen und durch die Presse dazudrücken. Gut unterrühren, dann leicht salzen und gleich aus der Pfanne nehmen.

6 Die Suppe noch einmal durchrühren und eventuell nachwürzen. Gazpacho in Suppenteller oder -tassen füllen. Mit den Gemüsewürfeln, Minze und Mandelblättchen bestreuen und servieren.

Gemüsesuppe mit Pistou

Südfranzösisches für Gemüsefans

Zutaten für 4 Personen:
900 g gemischte Gemüse (z. B. grüne Bohnen, gepalte dicke Bohnen oder Erbsen, Staudensellerie, Fenchel, Möhren, Paprikaschoten, Zucchini)
1 Zwiebel | 2 Knoblauchzehen
½ Bund Thymian | 6 EL Olivenöl
gut 1 l Gemüsebrühe
1 frische Tomate (ca. 200 g)
2 getrocknete Tomaten (in Öl)
1 Bund Basilikum
50 g Pinienkerne oder gehäutete Mandeln
Salz | Pfeffer

Zubereitungszeit: 1 Stunde
Kalorien pro Portion: 310 kcal

1 Gemüse waschen oder schälen. Von den grünen Bohnen und vom Sellerie die Enden abschneiden, eventuell die Fäden abziehen. Den Fenchel vierteln und vom Mittelstrunk befreien. Die Paprika putzen und nochmals waschen. Das Gemüse in mundgerechte Stücke schneiden.

2 Zwiebel und Knoblauch schälen und fein würfeln. Den Thymian abbrausen, trocken schütteln und die Blättchen von den Stielen streifen, das geht am besten entgegen der Wuchsrichtung.

3 In einem großen Suppentopf 2 EL Öl erhitzen. Zwiebel, Knoblauch, Thymian und das Gemüse darin unter Rühren kurz andünsten. Gemüsebrühe dazugießen und zum Kochen bringen. Die Suppe im halb geschlossenen Topf bei schwacher bis mittlerer Hitze 15 – 20 Minuten sanft köcheln lassen, bis das Gemüse gar, aber nicht verkocht ist.

4 Inzwischen aus der frischen Tomate den Stielansatz wie einen Keil herausschneiden. Tomate mit kochend heißem Wasser überbrühen, kurz ziehen lassen, kalt abschrecken und häuten. Tomate grob würfeln. Die getrockneten Tomaten abtropfen lassen und ebenfalls würfeln. Basilikumblättchen von den Stängeln zupfen und grob hacken.

5 Pinienkerne oder Mandeln in einer kleinen Pfanne ohne Fett bei mittlerer Hitze unter Rühren rösten, bis sie goldbraun sind. Wer Mandeln verwendet, hackt sie nach dem Anbraten ein wenig kleiner. Die beiden Tomatensorten mit dem Basilikum, den Pinienkernen oder Mandeln und dem übrigen Öl in einem Mixer fein pürieren. Pistou mit Salz und Pfeffer würzen.

6 Die Gemüsesuppe abschmecken, auf tiefe Teller, Suppentassen oder -schalen verteilen und mit dem Pistou auf den Tisch stellen. Jeder löffelt sich dann ein wenig Pistou auf seine Suppenportion.

Basic-TIPP

Pistou wird im Original mit Käse zubereitet. Hier erhält es durch Mandeln oder Pinienkerne seine schöne Sämigkeit – und schmeckt so irgendwie sogar noch feiner. Pistou passt übrigens nicht nur zu Suppen, sondern auch zu Nudeln, z. B. Spaghetti. Dann wie Pesto mit ein paar Löffeln Nudelkochwasser verrühren und mit den al dente gekochten heißen Nudeln mischen.

Kürbissuppe mit Kürbiskernpaste

Kürbis hoch drei

Zutaten für 4 Personen:
1 Stück Kürbis (ca. 800 g, z. B. Butternut- oder Muskatkürbis)
1 Stück Knollensellerie (ca. 250 g)
1 große Zwiebel
2 EL neutrales Öl
1 l Gemüsebrühe (+ 5 – 6 EL Brühe für die Paste)
75 g Kürbiskerne
½ Bio-Zitrone
1 TL scharfer Senf
7 EL Kürbiskernöl
Salz | Pfeffer

Zubereitungszeit: 30 Minuten
Kalorien pro Portion: 290 kcal

1 Aus dem Kürbis die Kerne mitsamt dem faserigen Fruchtfleisch mit einem Löffel herausschaben. Kürbis in Spalten teilen und die Schale abschneiden. Den Kürbis in grobe Würfel schneiden. Den Sellerie schälen und auch grob würfeln. Die Zwiebel schälen und fein hacken.

2 Das Öl in einem großen Suppentopf erhitzen. Das Gemüse und die Zwiebel darin unter Rühren bei mittlerer Hitze kurz anbraten. Mit 1 l Brühe aufgießen, zum Kochen bringen. Die Suppe zugedeckt bei schwacher bis mittlerer Hitze ca. 15 Minuten köcheln lassen, bis alle Gemüse schön weich sind.

3 Inzwischen die Kürbiskerne in einer Pfanne ohne Fett bei mittlerer Hitze anrösten, bis sie sich aufblähen. Herausnehmen und lauwarm abkühlen lassen, dann grob hacken. Die Zitronenhälfte heiß waschen und abtrocknen, Schale fein abreiben, 1 – 2 EL Saft auspressen.

4 Kürbiskerne mit der übrigen Brühe, dem Senf, der Zitronenschale und dem Kürbiskernöl fein pürieren. Die Paste mit Salz und Pfeffer abschmecken.

5 Die Suppe im Topf fein pürieren. Mit Zitronensaft, Salz und Pfeffer würzen. Kürbissuppe auf Teller verteilen und die Kürbispaste dazu servieren. Jeder gibt sich davon eine Portion in seine Suppe.
Dazu schmeckt: Kürbiskernöl, das sich jeder noch zusätzlich auf seine Suppe tropft (macht sie noch besser!).

Bayerische Brotsuppe

Auch mit Laugenbrezen nicht zu verachten!

Zutaten für 4 Personen:
150 g altbackenes (Vollkorn-)Brot (am besten schmeckt ein Hefebrot)
2 Zwiebeln
1 Stück Knollensellerie (ca. 250 g)
1 große Möhre
je 1 TL Kümmel- und Koriandersamen
4 EL neutrales Öl
¼ l dunkles Bier (ersatzweise Gemüsebrühe)
1 l Gemüsebrühe
1 Bund Schnittlauch
Salz | Pfeffer

Zubereitungszeit: 25 Minuten
Kalorien pro Portion: 220 kcal

1 Brot in dünne Scheiben schneiden. Zwiebeln schälen, vierteln und in feine Streifen schneiden. Das Selleriestück und die Möhre schälen und in kleine Würfel schneiden.

2 In einem großen Suppentopf den Kümmel und Koriander unter Rühren ca. 1 Minute anrösten, bis die Gewürze fein duften. Dann in den Mörser geben und so fein wie möglich zerdrücken.

3 Im Topf 2 EL Öl erhitzen. Darin die Brotscheiben bei starker Hitze unter Rühren knusprig anrösten, dann herausnehmen. Zwiebeln, Sellerie und Möhre in dem restlichen Öl unter Rühren bei mittlerer Hitze kurz andünsten. Kümmel und Koriander untermischen.

4 Das Bier und die Gemüsebrühe zum Gemüse gießen und zum Kochen bringen. Die Suppe zugedeckt bei schwacher Hitze ca. 5 Minuten köcheln lassen.

5 Den Schnittlauch abbrausen, trocken schütteln, in Röllchen schneiden. Das Brot in die Suppe geben und nur warm werden lassen. Die Brotsuppe mit Salz und Pfeffer abschmecken und in tiefe Suppenteller schöpfen. Mit Schnittlauch bestreuen, schmecken lassen!

Kartoffelsuppe mit Erbsen und Löwenzahn

Richtig schön cremig

Zutaten für 4 Personen:
700 g vorwiegend festkochende Kartoffeln
1 Stange Lauch
2 EL Olivenöl
200 g gepalte Erbsen (frisch oder TK)
800 ml Gemüsebrühe
1 Handvoll junge Löwenzahnblätter
½ Bio-Zitrone
100 ml Pflanzensahne (z. B. aus Hafer)
Salz
Chiliflocken nach Geschmack

Zubereitungszeit: 35 Minuten
Kalorien pro Portion: 235 kcal

1 Die Kartoffeln schälen, waschen und klein würfeln. Lauch putzen, längs einschneiden und gründlich waschen, auch zwischen den Blattschichten. Den Lauch quer in feine Streifen schneiden.

2 Das Öl in einem großen Suppentopf erhitzen. Die Kartoffeln und den Lauch darin unter Rühren andünsten. Erbsen dazugeben und kurz mitdünsten. Brühe dazugießen und zum Kochen bringen. Die Suppe bei schwacher Hitze zugedeckt ca. 10 Minuten köcheln lassen, bis die Kartoffeln weich sind.

3 Inzwischen die Löwenzahnblätter abbrausen, trockenschütteln und sehr fein hacken. Die Zitronenhälfte heiß waschen und abtrocknen, Schale fein abreiben.

4 Die Hafersahne mit dem Löwenzahn unter die Suppe rühren. Die Suppe mit Salz, Chiliflocken und der Zitronenschale abschmecken. Fertig!

TIPPs

Löwenzahn kann man im Frühjahr auch selbst sammeln. Allerdings besser nicht neben stark befahrenen Straßen oder gespritzten Feldern danach suchen. Und anstatt des Löwenzahns passen in die Suppe auch Brennnesseln, Kerbel, Borretsch oder Rucola.

Gerstensuppe mit Bohnen und Paprika

Zur Abwechslung mal eine Sommervariante

Zutaten für 4 Personen:
1 Bund Frühlingszwiebeln
2 Knoblauchzehen
¼ Bund Bohnenkraut (ersatzweise Thymian)
1 EL Olivenöl
125 g Graupen (Rollgerste)
1 ¼ l Gemüsebrühe
300 g grüne Bohnen
1 große gelbe Paprikaschote
1 große Tomate
Salz | Pfeffer
2 EL Pinienkerne (nach Belieben)

Zubereitungszeit: 30 Minuten
+ ca. 55 Minuten Kochen
Kalorien pro Portion: 200 kcal

1 Die Frühlingszwiebeln waschen und putzen. Gut die Hälfte des Grüns abschneiden und beiseitelegen, die restlichen Zwiebeln in feine Ringe schneiden. Den Knoblauch schälen und in dünne Scheiben schneiden. Das Bohnenkraut abbrausen und trocken schütteln, die Hälfte der Blättchen abzupfen und nur grob hacken.

2 Das Öl in einem großen Suppentopf erhitzen. Darin Zwiebelringe, Knoblauch und gehacktes Bohnenkraut andünsten. Die Graupen dazugeben und kurz mitdünsten. Brühe angießen, zum Kochen bringen. Alles zugedeckt bei schwacher Hitze ca. 40 Minuten köcheln lassen. Dabei ab und zu umrühren und bei Bedarf Wasser nachgießen.

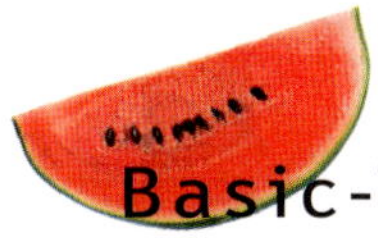

Basic-TIPP

Wenn es im Herbst frische Maroni auf dem Markt gibt, kann man sie natürlich auch selbst zubereiten. Dafür die Maronen auf der gewölbten Seite mit einem Messer über Kreuz einschneiden. Auf dem Backblech im heißen Ofen bei 180 Grad (Umluft 160 Grad) ca. 20 Minuten backen, bis sich die Schale aufbiegt. So weit abkühlen lassen, dass man sie anfassen kann. Die Schale und die braune Haut darunter gründlich entfernen. Dann weiter machen wie im Rezept. Oder die Maronen einfach so essen, auch ziemlich fein!

3 Bohnen waschen und die Enden abschneiden. Falls sich dabei Fäden lösen, diese abziehen. Bohnen in 2–3 cm lange Stücke schneiden. Die Paprikaschote vierteln, putzen, waschen und in dünne Streifen schneiden. Die Tomate waschen und in kleine Würfel schneiden, dabei den Stielansatz entfernen. Blättchen des übrigen Bohnenkrauts von den Stängeln zupfen und fein hacken.

4 Die Bohnen mit dem Bohnenkraut zu den Graupen geben und alles weitere 8 Minuten köcheln lassen. Dann Paprika und Tomate dazugeben und die Suppe nochmals 3–5 Minuten kochen, bis das Gemüse bissfest und die Graupen weich sind. Die Suppe mit Salz und Pfeffer abschmecken.

5 Beiseitegelegte Frühlingszwiebeln in feine Ringe schneiden. Wer Pinienkerne nimmt: in einer Pfanne ohne Fett unter Rühren goldbraun rösten. Die Frühlingszwiebelringe und eventuell Pinienkerne vorm Servieren auf die Suppe streuen.

Maronensuppe mit Sellerie

Wärmt durch und durch

Zutaten für 4 Personen:
1 Möhre
1 Zwiebel
2 Knoblauchzehen
1 Stück Ingwer (ca. 1 cm)
1 Stange Lauch
200 g geschälte gegarte Maronen (vakuumverpackt, gibt es meistens in der Gemüseabteilung)
2 EL neutrales Öl
1 l Gemüsebrühe
1 Stück Knollensellerie (ca. 400 g)
2 EL vegane Margarine
1 TL brauner Zucker
Salz
Chiliflocken nach Geschmack
1 EL Zitronensaft

Zubereitungszeit: 40 Minuten
Kalorien pro Portion: 215 kcal

1 Die Möhre, die Zwiebel, den Knoblauch und den Ingwer schälen und sehr fein hacken. Lauch putzen, längs einschneiden und gründlich waschen, auch zwischen den Blattschichten. Den Lauch ebenfalls fein schneiden. Die Maronen aus der Packung nehmen und in Stücke brechen oder schneiden.

2 Das Öl in einem großen Suppentopf erhitzen. Darin Möhre, Lauch, Zwiebel, Knoblauch und Ingwer unter Rühren andünsten. Maronen dazugeben und kurz mitdünsten. Die Brühe dazugießen und zum Kochen bringen. Alles zugedeckt bei schwacher Hitze ca. 15 Minuten köcheln lassen.

3 Inzwischen den Sellerie schälen und erst in knapp 1 cm dicke Scheiben, dann in ebenso breite Streifen schneiden. In einer großen Pfanne die Margarine mit dem Zucker schmelzen. Selleriestreifen dazugeben und bei mittlerer Hitze unter Rühren in ca. 5 Minuten bissfest braten. Mit Salz und Chiliflocken abschmecken.

4 Die Suppe im Topf fein pürieren und mit Salz, Pfeffer und Zitronensaft abschmecken. Maronensuppe in Suppenteller oder -tassen füllen und mit ein paar Selleriestreifen garnieren.

Misosuppe mit Gemüse und Nori

Gibt's in Japan schon zum Frühstück

Zutaten für 4 Personen:
200 g Tofu
1 EL Sojasauce
2 TL Sesamöl
je 100 g grüner Spargel, Möhren und Zuckerschoten
1 Bund Frühlingszwiebeln
1 Stück Ingwer (ca. 2 cm)
3/4 l milde Gemüsebrühe
60 g Miso
4 EL Nori-Algen

Zubereitungszeit: 30 Minuten
Kalorien pro Portion: 150 kcal

1 Den Tofu in knapp 1 cm große Würfel schneiden, mit Sojasauce und Sesamöl in ein Schälchen geben, vermischen.

2 Das Gemüse waschen oder schälen. Vom Spargel die holzigen Enden abschneiden, von den Zuckerschoten die Enden abschneiden und eventuell die Fäden abziehen. Das Gemüse schräg in ca. 1/2 cm dicke Scheiben schneiden.

3 Frühlingszwiebeln waschen, putzen und in 5 cm lange Stücke schneiden. Die Zwiebelstücke längs in feine Streifen schneiden. Ingwer schälen und zuerst in dünne Scheiben, dann ebenfalls in feine Streifen schneiden.

4 Die Gemüsebrühe in einem Suppentopf zum Kochen bringen, das Gemüse darin ca. 2 Minuten kochen lassen. Die Hitze klein stellen.

5 Das Miso unter die Suppe rühren, sie soll jetzt nicht mehr kochen. Nori-Algen, Frühlingszwiebeln, Ingwer und den Tofu in die Suppe geben und bei schwacher Hitze ca. 5 Minuten darin ziehen lassen. Sofort servieren.

Kokos-Gemüse-Suppe

Dank an Thailands Köchinnen!

Zutaten für 4 Personen:
200 g Champignons oder Egerlinge
1 Stange Staudensellerie
1 gelbe Paprikaschote
250 g Mangold
1 Stück Ingwer (ca. 4 cm)
2 Stangen Zitronengras
2 rote Chilischoten
500 ml Kokosmilch
1/2 l Gemüsebrühe
4 Stängel Koriandergrün
2 EL Limettensaft
2 EL helle Sojasauce
Salz

Zubereitungszeit: 25 Minuten
Kalorien pro Portion: 260 kcal

1 Die Pilze mit feuchtem Küchenpapier sauber abreiben und die Stielenden abschneiden. Die Pilze in dünne Scheiben schneiden. Den Sellerie waschen und putzen, zarte Blätter abzupfen und weglegen. Den Sellerie in dünne Scheiben

schneiden. Die Paprikaschote vierteln, putzen, waschen und in dünne Streifen schneiden. Den Mangold waschen. Die grünen Blätter von den Stielen abschneiden und grob hacken, die Stiele in feine Streifen schneiden.

2 Ingwer schälen und zuerst in dünne Scheiben, dann in sehr feine Streifen schneiden. Zitronengras waschen und die Enden abschneiden. Die Stangen in 4 – 5 cm lange Stücke schneiden und mit einem kleinen Topf oder einem Stößel leicht klopfen (so geben sie mehr Aroma ab). Chilis waschen, entstielen und mit den Kernen in feine Ringe schneiden.

3 Die Kokosmilch mit Gemüsebrühe, Ingwer, Zitronengras und Chilis in einem Suppentopf aufkochen. Das Gemüse und die Pilze dazugeben und darin offen bei mittlerer Hitze 4 – 5 Minuten köcheln lassen, bis es bissfest ist.

4 Koriander abbrausen und trocken schütteln, Blättchen abzupfen und mit dem Selleriegrün fein hacken. Die Suppe mit Limettensaft, der Sojasauce und Salz würzen. Mit dem Koriander bestreuen und gleich auf den Tisch damit.

Erdnusssuppe mit Gemüse

Schnell in den Teller gezaubert

Zutaten für 4 Personen:
2 Stangen Staudensellerie
1 große rote Paprikaschote
1 rote Zwiebel
150 g geröstete gesalzene Erdnüsse
2 EL Oliven- oder Erdnussöl
2 EL Semmelbrösel
800 ml Gemüsebrühe
Salz
½ TL Chiliflocken
1 Kästchen Gartenkresse

Zubereitungszeit: 25 Minuten
Kalorien pro Portion: 315 kcal

1 Den Sellerie waschen und putzen, zarte Blätter abzupfen. Selleriestangen in dünne Scheiben schneiden, das Grün fein hacken. Die Paprikaschote vierteln, putzen, waschen und in dünne Streifen schneiden. Zwiebel schälen, vierteln und ebenfalls in dünne Streifen schneiden.

2 Von den Erdnüssen 2 EL abnehmen und fein hacken, die übrigen Kerne in der Küchenmaschine fein zerkleinern.

3 Das Oliven- oder Erdnussöl in einem Suppentopf erhitzen. Sellerie, Selleriegrün, Paprika und Zwiebel darin unter Rühren bei mittlerer bis starker Hitze 2 – 3 Minuten anbraten. Die fein zerkleinerten Erdnüsse und die Semmelbrösel einrühren und kurz weiterbraten.

4 Die Gemüsebrühe angießen und zum Kochen bringen. Die Suppe mit Salz und Chiliflocken würzen und einmal kräftig aufkochen lassen. Die Erdnusssuppe abschmecken und in Suppenteller füllen. Die Kresse vom Beet schneiden und mit den gehackten Erdnüssen auf die Suppe streuen. Schmecken lassen!

Indisches Dal

Doch eher ein Eintopf als eine Suppe und auf jeden Fall zum Sattessen

Zutaten für 4 Personen:
2 grüne Chilischoten
1 Stück Ingwer (ca. 3 cm)
2 Knoblauchzehen
1 große Zwiebel
2 EL neutrales Öl
2 grüne Kardamomkapseln
1 Stück Zimtstange (ca. 2 cm)
2 Nelken
200 g geschälte rote Linsen
1 TL gemahlene Kurkuma
3/4 l Gemüsebrühe
1 Fleischtomate
2 EL Kokosraspel
8 Stängel Koriandergrün
Salz

Zubereitungszeit: 50 Minuten
Kalorien pro Portion: 250 kcal

1 Die Chilischoten waschen und die Stiele abschneiden, die Schoten mit den Kernen fein schneiden. Den Ingwer, den Knoblauch und die Zwiebel schälen und ebenfalls fein schneiden.

2 In einem Pfännchen 1 EL Öl erhitzen. Kardamom, Zimtstück und die Nelken mit Chili, Ingwer, Knoblauch und Zwiebel einrühren und alles bei schwacher bis mittlerer Hitze ca. 10 Minuten anrösten. Dann in die Küchenmaschine geben und zu einer feinen Paste zerkleinern.

3 Das übrige Öl in einem Suppentopf erhitzen. Die Linsen einrühren und kurz anbraten. Die Gewürzpaste und das Kurkuma untermischen, kurz weiterbraten. Die Brühe angießen und zum Kochen bringen. Die Linsen zugedeckt bei schwacher Hitze ca. 20 Minuten garen, bis sie zerfallen. Dabei hin und wieder umrühren und falls nötig noch ein wenig Wasser angießen.

4 Inzwischen den Stielansatz der Tomate wie einen Keil herausschneiden. Die Tomate mit kochend heißem Wasser überbrühen, kurz ziehen lassen, kalt abschrecken und häuten. Die Tomate in kleine Würfel schneiden. Kokosraspel in einer Pfanne ohne Fett leicht anrösten. Koriandergrün abbrausen und trocken schütteln, die Blättchen abzupfen und fein schneiden.

5 Die Tomate und Kokosraspel unter die Linsen rühren, alles mit Salz abschmecken. Das Dal auf Teller verteilen und mit dem Koriandergrün bestreuen. Gleich servieren. Dazu schmeckt: Brot oder – wie in Indien – Reis.

Variante: Mediterrane Linsensuppe

1 Stange Staudensellerie, 1 Zucchino und 1 kleine Aubergine waschen, putzen und klein würfeln. Alles mit 1 gehackten roten Zwiebel und 2 gehackten Knoblauchzehen in 4 EL Olivenöl anbraten. 150 g rote Linsen dazugeben und andünsten. Mit 1 l Gemüsebrühe aufgießen und wie beschrieben kochen. Die Blättchen von 1 Bund Basilikum abzupfen und fein schneiden. Die Suppe mit Salz und Cayennepfeffer abschmecken und mit dem Basilikum bestreut servieren.

Zum Sattessen

Mal soll es so richtig schnell gehen oder bereits beim Einkaufen keine Mühe machen – und dann plötzlich doch etwas ganz Besonderes sein. Ein anderes Mal glüht die Sommerhitze und etwas herrlich Leichtes ist angesagt. Und mal stürmt der Wind ums Haus und unser Magen braucht dringend etwas Warmes. Dabei bleibt eines trotz der unterschiedlichen Wünsche immer gleich: Wir wollen satt werden. Vielleicht mit Gemüse-Spaghetti mit Pesto oder mit Pellkartoffeln und Gurken-Kräuter-Dip, mit Ofentofu mit Limetten-Kräuter-Kruste oder mit Tomaten mit Amaranthfüllung, mit Mangoldröllchen mit Kartoffel-Linsen-Füllung oder ...

Was
ist eigentlich ...

veganer Wein?

Gibt’s den überhaupt? Wein wird doch nur aus Trauben gemacht! Stimmt zwar, aber trotzdem ist vegan auch hier ein Thema. Der junge Wein enthält nämlich Substanzen, die ihn trüben können. Was der Weintrinker gewöhnlich nicht so mag oder als Fehler ansieht. Die Winzer klären den Wein also – und in der Regel nehmen sie hierzu tierische Produkte wie Hühnereiweiß, Kasein oder Gelatine. Im veganen Wein kommen diese Stoffe natürlich nicht vor – der Wein wird mit Bentonit oder Kaolin, unterschiedlichen Tonarten oder Kieselsol, einer Art Kieselsäure, geklärt. Und das Gute: Es gibt viele vegane Weine!

Vegan ist überall:
Bayern

Also, meine Oma, die war echt richtig tierlieb. Fleisch kam ihr deshalb nur auf den Teller, wenn sie wusste, wie und wo das Tier gelebt hat. Klar also, dass es bei ihr nicht so oft Fleisch gab. Dazu war sie im Kochen von Gemüse sowieso spitze. Konnte alles schon ihre eigene Mutter, hat sie immer gesagt. Wenn es Brotsuppe mit dunklem Bier und ganz vielen Zwiebeln gab. Oder Kartoffelsalat mit Grünkernpflanzerl. Oder Kartoffelgröstl mit Kümmel und Wurzelgemüse. Oder Reiberdatschi (Kartoffelpuffer) mit Sauerkraut oder auch mit Apfelmus. Echt bayerisch und vegan von Haus aus!

Unsere Lieblingssauce:

Mayo ohne Ei

Kaufen kann man vegane Mayonnaise zwar auch im Bioladen, aber nicht alle Sorten schmecken wirklich gut. Deshalb machen wir sie am besten einfach selbst. Und zwar im Mixer:

50 ml Sojadrink, Reisdrink oder Haferdrink mit 1 TL scharfem Senf, Salz und 100 ml neutralem Öl (für's mediterrane Feeling kann es auch mal Olivenöl sein) ca. 5 Minuten lang durchmixen, bis das Ganze dickflüssig wird. Die Mayo mit 1–2 TL Zitronensaft und eventuell noch mehr Salz abschmecken. Dann in ein Schraubglas (ca. 200 ml) füllen und in den Kühlschrank stellen. Dort hält sie sich mindestens 2 Wochen.

Wie schaut's aus mit … Vitamin B 12?

Bei diesem Thema wird es jetzt doch ein bisschen schwierig. Weil Vitamin B 12 in tierischen Lebensmitteln wie Fleisch, Fisch, Milch und Eiern vorkommt. Und es ziemlich wichtig ist: für die Blutbildung, die Zellteilung und die Funktion des Nervensystems. Zwar finden sich wohl geringe Mengen in fermentierten Produkten wie Sauerkraut, Miso oder Tempeh – aber selbst Vollblut-Veganer raten hier zur Vorsicht: Besser zusätzlich ein Vitamin-Präparat einnehmen und das Blut alle zwei Jahre untersuchen lassen.

Gemüse-Spaghetti mit Pesto

Bekanntes mit neuem Touch

Zutaten für 4 Personen:
50 g Pinienkerne
1 großes Bund Basilikum
6 EL Olivenöl
Salz | Pfeffer
1 Zucchino
je 1 kleine längliche rote und gelbe Paprikaschote
400 g Spaghetti
Salz
100 g Vollkorntoast

Zubereitungszeit: 35 Minuten
Kalorien pro Portion: 660 kcal

1 Pinienkerne in einer Pfanne ohne Fett unter Rühren goldbraun rösten, dann herausnehmen und 1 EL Kerne beiseitelegen. Die Basilikumblättchen abzupfen, grob hacken und mit den übrigen Pinienkernen und 4 EL Olivenöl fein pürieren. Mit Salz und Pfeffer abschmecken.

2 Den Zucchino waschen, putzen und längs in dünne Scheiben, dann in knapp 1 cm breite Streifen schneiden. Paprika halbieren, putzen, waschen und längs ebenfalls in dünne Streifen schneiden.

3 Für die Spaghetti in einem großen Topf reichlich Wasser aufkochen, salzen. Die Nudeln darin nach Packungsangabe al dente kochen.

4 Inzwischen das Toastbrot von der Rinde befreien und klein würfeln. 1 EL Öl in einer Pfanne erhitzen. Darin die Brotwürfel bei starker Hitze unter Rühren braten, bis sie schön knusprig sind. Mit Salz und Pfeffer würzen, beiseitestellen.

5 Das übrige Öl in die Pfanne geben. Die Gemüsestreifen hinzufügen, salzen und unter Rühren bei starker Hitze in 2–3 Minuten bissfest braten.

6 Das Pesto mit ein paar Esslöffeln des Nudelkochwassers in einer großen vorgewärmten Schüssel cremig rühren. Die Nudeln in ein Sieb abgießen, ganz kurz abtropfen lassen und mit dem Gemüse in die Schüssel geben, mit dem Pesto verrühren. Auf Teller verteilen und vor dem Servieren mit den übrigen Pinienkernen und den Brotwürfeln bestreuen.

Krautfleckerl

Mit herb-aromatischen Buchweizennudeln

Zutaten für 4 Personen:
Für den Teig:
150 g helles Dinkelmehl (+ etwas mehr zum Arbeiten)
100 g Buchweizenmehl
Salz
Für das Kraut:
1 junger Weiß- oder Spitzkohl (ca. 600 g)
1 Zwiebel
1 kleines Bund Petersilie
2 EL neutrales Öl
2 TL Kümmelsamen
50 ml Gemüsebrühe
Salz | Pfeffer
1 TL rosenscharfes Paprikapulver
saure Pflanzensahne zum Garnieren (nach Belieben)

Zubereitungszeit: 1 Stunde
+ 30 Minuten Ruhen
Kalorien pro Portion: 290 kcal

1 Für den Teig die beiden Mehlsorten mit 1 TL Salz in einer Schüssel mischen. ⅛ l lauwarmes Wasser dazugießen und alles mit den Händen zu einem glatten geschmeidigen Teig verkneten. Den Teig zu einer Kugel formen, in ein Küchentuch wickeln und bei Zimmertemperatur ca. 30 Minuten ruhen lassen.

2 Den Teig dann portionsweise auf der mit Mehl bestäubten Arbeitsfläche mit dem Nudelholz oder mit der Nudelmaschine zu dünnen Platten ausrollen. Die Teigplatten mit dem Messer in unregelmäßig geformte Rauten oder Quadrate (Fleckerl) schneiden.

3 Für das Kraut vom Kohl alle welken Blätter entfernen. Den Kohl vierteln und den harten Strunk aus der Mitte herausschneiden. Die Kohlviertel in ungleichmäßige Stücke schneiden – in etwa so groß wie die Teigfleckerl.

4 Die Zwiebel schälen, vierteln und in feine Streifen schneiden. Die Petersilie abbrausen und trocken schütteln, die Blättchen abzupfen und fein hacken.

5 Öl in einer großen Pfanne erhitzen. Die Kohlstücke und die Zwiebel mit dem Kümmel dazugeben und unter Rühren bei mittlerer Hitze 5–8 Minuten braten, bis der Kohl bissfest ist.

6 Gleichzeitig für die Nudeln in einem großen Topf reichlich Wasser aufkochen und salzen. Die Teigfleckerl darin in ca. 3 Minuten al dente kochen.

7 Den Kohl mit der Brühe ablöschen und mit Salz, Pfeffer und dem Paprikapulver abschmecken. Die Nudeln in ein Sieb abgießen, kurz abtropfen lassen und in der Pfanne mit dem Kohl und der Petersilie mischen. Am besten gleich schmecken lassen. Und wer mag, löffelt sich vor dem Essen noch saure Pflanzensahne über seine Nudelportion.

Spaghetti mit Soja-Gemüse-Sugo

Den Sugo auch einmal mit anderem Gemüse probieren, diese Pasta schmeckt immer!

Zutaten für 4 Personen:
400 ml Gemüsebrühe
100 g feines Sojagranulat
2 Stangen Staudensellerie
1 Möhre
1 rote Paprikaschote
400 g Tomaten (ersatzweise geht auch 1 Dose Tomaten)
1 Zwiebel
2 Knoblauchzehen
2 EL Olivenöl
1 TL getrockneter Thymian oder Oregano
Salz
1 Msp. Ahornsirup oder Agavendicksaft
1 TL Chiliflocken (nach Belieben)
400 g Spaghetti

Zubereitungszeit: 40 Minuten
+ 15 Minuten Quellen
Kalorien pro Portion: 525 kcal

1 Die Gemüsebrühe erhitzen. Das Sojagranulat in eine Schüssel füllen, mit der Brühe begießen und ca. 15 Minuten aufquellen lassen.

2 Inzwischen das Gemüse waschen oder schälen und putzen. Den Sellerie, die Möhre und die Paprika klein würfeln. Aus den Tomaten die Stielansätze keilförmig herausschneiden. Tomaten mit kochend heißem Wasser übergießen, kurz darin ziehen lassen und kalt abschrecken. Tomaten häuten und ebenfalls klein würfeln. Die Zwiebel und den Knoblauch schälen und fein hacken.

3 Das Granulat in einem Sieb gut abtropfen lassen, dabei den ablaufenden Sud auffangen. Das Öl in einer großen Pfanne erhitzen und das Granulat darin kräftig anbraten. Zwiebel, Knoblauch und Thymian oder Oregano dazugeben und kurz mitbraten. Dann das Gemüse (außer den Tomaten) untermischen und ein paar Minuten andünsten.

4 Die Tomaten und den Granulatsud mit in die Pfanne geben, untermischen. Den Sugo mit Salz, dem Sirup oder Dicksaft und nach Belieben den Chiliflocken abschmecken und offen bei schwacher Hitze ca. 15 Minuten köcheln lassen.

5 Gleichzeitig für die Nudeln in einem großen Topf reichlich Wasser aufkochen und salzen. Die Spaghetti darin nach Packungsangabe al dente kochen.

6 Die Nudeln in ein Sieb abgießen, gut abtropfen lassen und mit dem Sugo vermischen. Auf vorgewärmte tiefe Teller verteilen und servieren.

Variante: Linsensugo

1 dünne Stange Lauch, 1 Möhre, 2 Knoblauchzehen und 1 Zwiebel waschen oder schälen, putzen und klein würfeln. In 1 EL Olivenöl andünsten. 150 g kleine grüne oder braune Linsen untermischen und unter Rühren kurz andünsten. Mit 400 ml Gemüsebrühe aufgießen und zugedeckt bei schwacher bis mittlerer Hitze in ca. 40 Minuten bissfest kochen. 2 gehäutete gewürfelte Tomaten mit 2 TL Tomatenmark und 1 EL Aceto balsamico untermischen und den Sugo mit Salz, Pfeffer oder Cayennepfeffer und 1 Prise Zucker oder Ahornsirup würzen. Zum Schluss noch 1 EL fein gehacktes Basilikum unterrühren. Mit den al dente gekochten Spaghetti essen.

Variante: Scharfer Tomatensugo

1 Zwiebel und 2 Knoblauchzehen schälen, fein würfeln und mit 2 getrockneten zerkrümelten Chilischoten in 2 EL Olivenöl andünsten. 800 g gehäutete gehackte Tomaten untermischen, mit Salz und 1 Prise Zucker würzen. Den Sugo offen bei mittlerer Hitze in ca. 20 Minuten sämig einkochen lassen. ½ Bund fein gehacktes Basilikum untermischen und den Sugo mit Salz abschmecken. Zu al dente gekochten Spaghetti essen.

Basic-TIPP

Die gewohnte »Beilage« zu Spaghetti ist frisch geriebener Parmesan. Doch auch in Italien war das nicht immer selbstverständlich. Vor allem im Süden, wo man sich diesen wertvollen Käse oft gar nicht leisten konnte, hat man sich eine richtig gute Alternative einfallen lassen: Feine bis mittelgrobe Brotkrümel in Olivenöl schön knusprig rösten, mit Salz würzen und zum Bestreuen der Pasta mit auf den Tisch stellen. Einfach köstlich und rundum vegan!

Pellkartoffeln mit Gurken Kräuter-Dip

Schön leicht und frisch

Zutaten für 4 Personen:
1 kg vorwiegend festkochende Kartoffeln (möglichst gleich groß)
1 kleine Salatgurke
Salz
je ½ Bund Dill, Schnittlauch und Zitronenmelisse
2 Knoblauchzehen (nach Belieben)
500 g Seidentofu
1 EL scharfer Senf
2 EL Raps- oder Olivenöl
2 TL Zitronensaft
Pfeffer

Zubereitungszeit: 40 Minuten
Kalorien pro Portion: 250 kcal

1 Die Kartoffeln unter dem fließenden Wasserstrahl sauber bürsten, in einen Topf geben und ganz knapp mit Wasser bedecken. Zum Kochen bringen und die Kartoffeln zugedeckt bei mittlerer Hitze in 20–30 Minuten weich, aber nicht zu weich garen. Zwischendurch immer mal wieder überprüfen, ob noch genügend Wasser im Topf ist, und falls nötig etwas Wasser nachfüllen.

2 Inzwischen die Salatgurke schälen oder gründlich waschen und fein raspeln. Die Gurkenraspel in einer Schüssel mit 2 TL Salz mischen und stehen lassen, bis sich Saft gebildet hat.

3 Die Kräuter abbrausen und trocken schütteln, Blättchen von den Stängeln zupfen und fein hacken. Nach Belieben den Knoblauch schälen und durch die Presse drücken.

4 Die Flüssigkeit von den Gurken abgießen. Den Seidentofu, den Senf, das Raps- oder Olivenöl, die Kräuter und eventuell den Knoblauch zur Gurke in die Schüssel geben und alles sehr gut vermischen. Den Dip mit Zitronensaft, Salz und Pfeffer abschmecken.

5 Kartoffeln abgießen und kurz ausdampfen lassen, dann zusammen mit dem Gurken-Kräuter-Dip servieren.

Variante: Meerrettich-Apfel-Dip

1 Stück Meerrettich (ca. 2 cm) schälen und möglichst fein reiben. 1 säuerlichen Apfel vierteln, schälen, entkernen und ebenfalls sehr fein reiben. Beides mit 1 Bund Schnittlauch in feinen Röllchen und 1 EL Zitronensaft unter 500 g Seidentofu rühren. Dip mit Salz, Pfeffer und 2 EL Kürbiskernöl abschmecken und zu den Pellkartoffeln servieren.

TIPP

Beide cremigen Dips schmecken nicht nur zu Pellkartoffeln fein, sondern auch zu den Wedges (siehe rechts) sowie zu Folienkartoffeln. Und die macht man so: 8 große mehligkochende Kartoffeln (je ca. 180 g und möglichst gleich groß) gründlich waschen und rundherum mehrmals mit einer Gabel einstechen. 2 Zweige Rosmarin abbrausen, trocken schütteln und die Blättchen abzupfen. Mit 1 EL mittelgrobem Meersalz und 4 EL Olivenöl mischen. Die Kartoffeln mit der Mischung einpinseln und einzeln in Alufolie wickeln – die glänzende Seite soll nach innen zeigen. Die Kartoffeln auf dem Rost im 200 Grad heißen Backofen (Mitte) ca. 1 Stunde backen, bis sie weich sind.

Kartoffelwedges mit Mandelsauce

Knuspriges trifft Cremiges

Zutaten für 4 Personen:
1 kg festkochende Kartoffeln
Salz
4 EL neutrales Öl
300 g Tomaten
½ Salatgurke
1 rote oder grüne Chilischote
2 Frühlingszwiebeln
1 Bund Petersilie
100 g gehäutete Mandeln
1 EL weißes Mandelmus
6 EL Olivenöl
1 TL Tomatenmark

Zubereitungszeit: 40 Minuten
Kalorien pro Portion: 555 kcal

1 Backofen auf 200 Grad vorheizen, das Backblech mit Backpapier auslegen. Die Kartoffeln schälen, waschen und mit Küchenpapier trockentupfen. Kartoffeln in gut 1 cm dicke Spalten schneiden.

2 Die Kartoffelspalten auf dem Blech mit Salz und dem neutralen Öl gründlich mischen. Die Kartoffeln im Ofen (Mitte) 25 – 30 Minuten backen, bis sie gar, goldbraun und knusprig sind. Zwischendurch ein- bis zweimal gut durchrühren, damit sie gleichmäßig bräunen.

3 Inzwischen aus den Tomaten die Stielansätze wie einen Keil herausschneiden. Die Tomaten mit kochend heißem Wasser überbrühen, kurz darin ziehen lassen, kalt abschrecken und die Haut abziehen. Tomaten klein würfeln. Die Salatgurke schälen, längs halbieren und die Kerne aus der Mitte mit einem Teelöffel herauskratzen. Die Gurke ebenfalls klein würfeln.

4 Die Chilischote waschen und den Stiel abschneiden. Die Schote mit den Kernen sehr fein hacken. Die Frühlingszwiebeln waschen, putzen, fein hacken. Die Petersilie abbrausen und trocken schütteln, die Blättchen abzupfen und ebenfalls fein hacken.

5 Die Mandeln in einer Pfanne ohne Fett unter Rühren bei mittlerer Hitze goldbraun rösten. Herausnehmen, kurz abkühlen lassen und grob hacken.

6 Die Mandeln mit Tomaten, Gurke, Chili, Frühlingszwiebeln und Petersilie sowie dem Mandelmus, dem Olivenöl und dem Tomatenmark in einen Mixer oder die Küchenmaschine geben und kräftig durchmixen, bis eine feine Sauce entstanden ist. Mit Salz abschmecken.

7 Die Kartoffelwedges in eine Schüssel oder auf eine Platte füllen und mit der Mandelsauce auf den Tisch stellen.

TIPP

Unbedingt mal probieren: Anstatt der Mandelsauce schmeckt zu den Kartoffelwedges auch der Rote-Bete-Apel-Salat (Seite 72) sowie der Gemüsesalat mit Chilidressing (Seite 76) sehr gut.

Kartoffelgulasch mit grünen Bohnen

Kümmelliebhaber würzen das Gulasch zusätzlich damit

Zutaten für 4 Personen:
2 große Zwiebeln
2 Knoblauchzehen
1 kg festkochende Kartoffeln
400 g grüne Bohnen | 2 EL Olivenöl
je 2 TL edelsüßes und rosenscharfes Paprikapulver
400 ml Gemüsebrühe
4 Stängel Bohnenkraut (falls man es nicht bekommt, einfach weglassen)
Salz | 2 Tomaten
½ Bund Petersilie
Pfeffer

Zubereitungszeit: 40 Minuten
Kalorien pro Portion: 230 kcal

1 Zwiebeln schälen, vierteln, in feine Streifen schneiden. Knoblauch schälen und in dünne Scheiben schneiden. Die Kartoffeln schälen, waschen und gut 1 cm groß würfeln. Bohnen waschen. Die Enden abschneiden und falls sich dabei Fäden lösen, einfach mit abziehen. Die Bohnen halbieren oder dritteln.

2 Öl in einem großen Topf erhitzen. Die Zwiebeln mit dem Knoblauch und den Kartoffeln darin andünsten. Das Paprikapulver darüberstäuben und kurz mit andünsten. Gemüsebrühe angießen und die Kartoffeln zugedeckt bei schwacher Hitze in ca. 15 Minuten weich garen.

3 Inzwischen Bohnenkraut abbrausen, mit Wasser in einem Topf aufkochen und salzen. Bohnen darin in ca. 8 Minuten bissfest garen. Aus den Tomaten Stielansätze keilförmig herausschneiden. Die Tomaten mit kochend heißem Wasser überbrühen, kurz darin ziehen lassen, abschrecken, häuten und klein würfeln.

4 Bohnen abgießen, abschrecken und mit den Tomaten unter die Kartoffeln rühren. Noch 2–3 Minuten weitergaren.

5 Petersilie abbrausen und trocken schütteln, die Blättchen fein hacken. Kartoffelgulasch mit Salz und Pfeffer abschmecken, die Petersilie aufstreuen.
Dazu schmeckt: knuspriges Brot.

Kartoffelgröstl mit Pilzen

Im Herbst auch super mit Steinpilzen oder Pfifferlingen

Zutaten für 4 Personen:
1 kg Pellkartoffeln (am besten vom Vortag)
2 Zwiebeln
500 g Champignons oder Egerlinge
1 EL Zitronensaft
4 Zweige Thymian
½ Bund Petersilie
4 EL neutrales Öl
Salz | Pfeffer
100 g saure Pflanzensahne
1 EL scharfer Senf

Zubereitungszeit: 45 Minuten
Kalorien pro Portion: 330 kcal

1 Die Pellkartoffeln schälen und in ca. ½ cm dicke Scheiben schneiden. Die Zwiebeln schälen, halbieren und in feine Streifen schneiden. Die Pilze mit einem feuchten Küchenpapier sauber abreiben und von den Stielenden befreien. Pilze in ½ cm dicke Scheiben schneiden und

gleich mit dem Zitronensaft vermischen, damit sie sich nicht verfärben. Kräuter abbrausen und trocken schütteln. Die Petersilienblättchen abzupfen und fein schneiden, die Thymianblättchen von den Zweigen streifen.

2 In einer großen Pfanne 2 EL Öl erhitzen. Die Kartoffeln mit den Zwiebeln und dem Thymian einrühren, salzen, pfeffern und bei mittlerer Hitze ca. 10 Minuten braten, bis sie knusprig gebräunt sind. Dabei immer wieder durchrühren.

3 Kartoffeln aus der Pfanne nehmen. Das übrige Öl in die Pfanne geben. Darin die Pilze bei starker Hitze unter Rühren ca. 5 Minuten braten, bis die sich dabei bildende Flüssigkeit verdampft ist.

4 Die saure Sahne mit dem Senf verrühren. Kartoffeln wieder in die Pfanne geben und wieder schön heiß werden lassen. Die Petersilie dazugeben und nur zusammenfallen lassen. Die Senfsahne unterrühren, das Gröstl mit Salz und Pfeffer abschmecken und gleich auf den Tisch stellen. **Dazu schmeckt:** ein bunt gemischter Blattsalat.

Kartoffel-Kürbis-Gratin

Schmeckt statt mit Kürbis auch mit Süßkartoffeln oder Knollensellerie sehr fein

Zutaten für 4 Personen:
800 g vorwiegend festkochende Kartoffeln
1 Stück Kürbis (ca. 600 g, z. B. Butternut- oder Muskatkürbis)
Salz | Pfeffer
250 ml Kokosmilch
50 g Kürbiskerne | ½ Bio-Zitrone
¼ Bund Thymian oder Bohnenkraut
½ TL Chiliflocken
2 EL vegane Margarine

Zubereitungszeit: 40 Minuten
+ 45 Minuten Backen
Kalorien pro Portion: 350 kcal

1 Kartoffeln schälen, waschen und in dünne Scheiben hobeln oder schneiden. Aus dem Kürbis die Kerne mitsamt dem faserigen Fruchtfleisch mit einem Löffel herausschaben. Kürbis schälen und ebenfalls in dünne Scheiben hobeln.

2 Backofen auf 200 Grad vorheizen. Die Kartoffel- und Kürbisscheiben lagenweise und dachziegelartig in eine flache feuerfeste Form schichten, dabei jede Schicht salzen und pfeffern. Kokosmilch gut durchrühren und seitlich angießen.

3 Die Kürbiskerne nicht zu fein hacken. Die Zitronenhälfte heiß waschen und abtrocknen, die Schale fein abreiben. Den Thymian oder das Bohnenkraut abbrausen und trocken schütteln. Die Bohnenkrautblätter abzupfen und fein schneiden, die Thymianblättchen von den Zweigen streifen.

4 Die Kürbiskerne mit Zitronenschale, Thymian oder Bohnenkraut, Chiliflocken und Salz mischen und auf dem Kürbis in der Form verteilen. Margarine in kleine Würfel schneiden und darauflegen.

5 Gratin in den Ofen (Mitte) schieben und ca. 45 Minuten backen, bis die Kartoffeln weich sind und die Oberfläche schön gebräunt ist. Das Kartoffel-Kürbis-Gratin kurz stehen und ziehen lassen, dann servieren. **Dazu schmeckt:** Feldsalat, angemacht mit einer Vinaigrette mit Kürbiskernöl.

Kartoffelpuffer mit Apfelmus

Ganz klassisch und einfach unglaublich gut!

Zutaten für 4 Personen:
Für das Apfelmus:
800 g säuerliche Äpfel
½ Bio-Zitrone
100 g Zucker (+ eventuell noch ein bisschen mehr, je nach Geschmack)
1 Prise Zimtpulver
Für die Kartoffelpuffer:
1 kg mehlig kochende Kartoffeln
Salz | Pfeffer
3 EL Öl

Zubereitungszeit: 1 Stunde
Kalorien pro Portion: 370 kcal

1 Für das Apfelmus die Äpfel vierteln, schälen, entkernen und in grobe Stücke schneiden. Die Zitronenhälfte heiß waschen und abtrocknen, Schale fein abreiben und den Saft auspressen.

2 Äpfel mit Zucker, ca. 100 ml Wasser, dem Zitronensaft und der Zitronenschale in einen Topf geben und erhitzen. Die Äpfel zugedeckt bei schwacher Hitze ca. 15 Minuten köcheln lassen, bis sie fast zerfallen sind.

3 Die Äpfel mit dem Kartoffelstampfer möglichst fein zerkleinern. Das Mus mit Zimt und eventuell noch etwas Zucker abschmecken und abkühlen lassen.

4 Für die Puffer die Kartoffeln schälen, waschen und mit der Rohkostraspel oder in der Küchenmaschine fein reiben. Die Kartoffeln in ein feines Sieb geben und abtropfen lassen, dann mit den Händen noch ein wenig auspressen. Kartoffeln mit Salz und Pfeffer würzen.

5 Nun nach und nach die Puffer braten: Etwas Öl in einer großen beschichteten Pfanne erhitzen. Mit einem Esslöffel von der Kartoffelmasse immer wieder eine kleine Menge abnehmen, als Häufchen in die Pfanne setzen und flach streichen. Die Kartoffelpuffer bei mittlerer Hitze 4–5 Minuten braten, bis sie knusprig sind. Wenden und noch einmal so lange braten. Die gebratenen Puffer im Backofen bei 80 Grad warm halten.

6 Wenn alle Kartoffelpuffer gebraten sind, auf eine große Platte geben und mit dem Apfelmus auf den Tisch stellen.

Basic-TIPP

Mehligkochende Kartoffeln enthalten so viel Stärke, dass die Kartoffelraspel ohne zusätzliches Bindemittel beim Braten gut zusammenhalten. Sehr fein schmecken die Puffer aber auch, wenn man einen Teil der Kartoffeln durch andere Zutaten wie etwa Sauerkraut, fein gehackten Lauch oder Knollensellerieraspel ersetzt. Damit dann die Mischung immer noch optimal zusammenhält, einfach 1–2 EL Mehl unterrühren. Die Puffer braten wie im Rezept beschrieben.

Kräuter-polenta mit Ofentomaten

Sommerlich leicht

Zutaten für 4 Personen:
Für die Polenta:
je 1 großer Zweig Rosmarin und Salbei
je 3 Zweige Thymian und Oregano
2 Knoblauchzehen
3 EL Olivenöl
1 l Gemüsebrühe
250 g Polenta (Maisgrieß)
Salz | Pfeffer
Für die Tomaten:
8 Fleischtomaten (ca. 1,4 kg)
150 g schwarze Oliven
4 getrocknete Tomaten (in Öl)
75 g Pinienkerne
2 TL Ahornsirup oder Agavendicksaft
½ TL Chiliflocken
Salz
3 EL Olivenöl

Zubereitungszeit: 50 Minuten
+ 20 Minuten Quellen
+ 1 Stunde Auskühlen
+ 30 – 35 Minuten Backen
Kalorien pro Portion: 620 kcal

1 Für die Polenta die Kräuter abbrausen und trocken schütteln, die Blättchen abzupfen und fein schneiden. Den Knoblauch schälen und fein hacken.

2 In einem großen Topf 1 EL Öl erhitzen. Darin Kräuter und Knoblauch andünsten. Die Brühe dazugießen und zum Kochen bringen. Die Polenta mit dem Kochlöffel oder dem Schneebesen zügig einrühren und einmal aufpuffen lassen. Deckel auflegen und die Polenta in ca. 20 Minuten bei schwacher Hitze ausquellen lassen.

3 Eine nicht zu hohe rechteckige Form (z. B. eine kleine Kastenform) kalt ausspülen. Die Polenta mit Salz und Pfeffer abschmecken und in die Form füllen. Mit einem angefeuchteten Teigspatel glatt streichen, abdecken und in ca. 1 Stunde auskühlen und fest werden lassen.

4 Dann die Tomaten waschen und quer halbieren. Aus den oberen Hälften Stielansätze keilförmig herausschneiden. Die Tomaten mit den Schnittflächen nach oben nebeneinander in eine feuerfeste Form setzen.

5 Backofen auf 220 Grad vorheizen. Das Olivenfleisch von den Steinen abschneiden und fein hacken. Die getrockneten Tomaten kurz abtropfen lassen und klein würfeln. Beides mit Pinienkernen, Ahornsirup oder Agavendicksaft und den Chiliflocken mischen, salzen.

6 Tomaten salzen und mit der Olivenmischung bestreuen, zum Schluss das Olivenöl darüberlaufen lassen. Tomaten im Ofen (Mitte) 30 – 35 Minuten backen, bis die Oberfläche schön gebräunt ist.

7 Nach ungefähr der Hälfte der Backzeit die Polenta aus der Form stürzen und in 1 cm dicke Scheiben schneiden. Übriges Olivenöl in einer großen Pfanne erhitzen. Die Polentascheiben darin bei mittlerer Hitze pro Seite ca. 5 Minuten braten, bis sie schön gebräunt sind. Mit den Ofentomaten schmecken lassen.

Tipp
Kräuterpolenta ist eine super Beilage, die man sehr gut vorbereiten kann. Sie schmeckt zu gebratenen Pilzen mit Pflanzensahne, einfach mit Salat und zu Gemüse jeder Art. Statt der Kräuter kann man auch mal Gewürze wie zerstoßene Koriandersamen oder Chiliflocken in den Maisbrei rühren.

Amaranthbratlinge

Dazu gibt's Paprikagemüse, das auch kalt schmeckt

Zutaten für 4 Personen:
Für die Bratlinge:
250 g Amaranth
½ l Gemüsebrühe
1 Zwiebel
1 Knoblauchzehe
½ Bund Petersilie
2 EL Mehl
1 EL Speisestärke
Salz | Pfeffer
4 EL Olivenöl
Für die Peperonata:
1 gelbe Paprikaschote
2 rote Paprikaschoten
300 g Tomaten
2 Zwiebeln
2 Knoblauchzehen
2 EL Olivenöl
Salz | Pfeffer
2 EL Weißweinessig
1 Prise Zucker

Zubereitungszeit: 1 Stunde 10 Minuten
Kalorien pro Portion: 455 kcal

1 Für die Bratlinge den Amaranth mit der Brühe in einem Topf zum Kochen bringen und zugedeckt bei schwacher Hitze in 30 Minuten körnig ausquellen lassen. Dann auf der abgeschalteten Herdplatte noch ca. 10 Minuten nachquellen lassen.

2 Inzwischen für die Peperonata die Paprikaschoten vierteln, putzen, waschen und in ca. 1 cm breite Streifen schneiden. Aus den Tomaten die Stielansätze keilförmig herausschneiden. Die Tomaten mit kochend heißem Wasser überbrühen, kurz darin ziehen lassen, kalt abschrecken und häuten. Tomaten klein würfeln. Zwiebeln schälen und in dünne Ringe schneiden. Den Knoblauch schälen, in feine Scheiben schneiden.

3 Zurück zu den Bratlingen: Zwiebel und Knoblauch schälen und sehr fein hacken. Die Petersilie abbrausen und trocken schütteln, Blättchen abzupfen und fein hacken. Amaranth mit Zwiebel, Knoblauch, Petersilie, dem Mehl und der Speisestärke mischen und mit Salz und Pfeffer würzen. Alles kräftig durchkneten und zu 8 flachen Bratlingen formen.

4 Öl in einer großen Pfanne erhitzen. Die Bratlinge einlegen und bei mittlerer Hitze pro Seite ca. 5 Minuten braten, bis sie schön gebräunt sind. Die Bratlinge vorsichtig wenden, sie sind eher weich!

5 Gleichzeitig für die Peperonata das Öl in einem Topf erhitzen. Die Schotenstreifen mit Zwiebelringen und Knoblauch dazugeben und ca. 2 Minuten andünsten. Die Tomaten dazugeben, das Gemüse mit Salz und Pfeffer würzen. Zugedeckt bei mittlerer Hitze ca. 4 Minuten schmoren, bis die Paprikaschoten bissfest sind. Das Gemüse mit Essig, Salz, Pfeffer und dem Zucker abschmecken. Mit den Bratlingen auf den Tisch stellen.

Tofupfanne mit buntem Gemüse

Mediterran angehaucht

Zutaten für 4 Personen:
je 1 gelbe und rote Paprikaschote
400 g Zucchini
1 Zwiebel
6 Zweige Thymian
1 Zweig Rosmarin
4 Salbeiblättchen
400 g Tofu
4 EL Olivenöl (+ etwas mehr zum Beträufeln)
2 Knoblauchzehen
Salz
Chiliflocken nach Geschmack
1 Dose gehackte Tomaten (400 g Inhalt)

Zubereitungszeit: 40 Minuten
Kalorien pro Portion: 285 kcal

1 Die Paprikaschoten und die Zucchini putzen, waschen und knapp 1 cm groß würfeln. Zwiebel schälen und in kleine Würfel schneiden. Kräuter abbrausen und trocken schütteln, Blättchen von den Zweigen zupfen oder streifen und fein hacken.

2 Den Tofu mit den Fingern in kleine Stücke krümeln. In einer großen Pfanne 2 EL Olivenöl erhitzen. Den Tofu einrühren und bei mittlerer bis starker Hitze ca. 8 Minuten braten, bis er schön knusprig ist. Dabei ab und zu mal umrühren, aber keinesfalls zu oft, sonst kann der Tofu keine Kruste bilden.

3 Den Knoblauch schälen und durch die Presse zum Tofu drücken, mit Salz und den Chiliflocken nach Geschmack würzen und aus der Pfanne nehmen.

4 Das übrige Öl in der Pfanne erhitzen. Darin Paprikaschoten, Zucchini, Zwiebel und Kräuter 3 – 4 Minuten unter Rühren braten, bis das Gemüse bissfest ist. Die Tomaten dazugeben, untermischen und gut heiß werden lassen.

5 Tofu wieder in die Pfanne geben und unter das Gemüse rühren, abschmecken und sofort servieren. Beim Essen dann noch etwas Olivenöl über den Tofu und das Gemüse träufeln. **Dazu schmeckt:** Couscous oder Bratkartoffeln.

Sojabratlinge mit Pilzen

Die Bratlinge schmecken auch kalt – ideal zum Mitnehmen

Zutaten für 4 Personen:
10 g getrocknete Steinpilze oder Mischpilze
150 g feines Sojagranulat
200 ml Gemüsebrühe
1 Zwiebel
½ Bund Petersilie
½ Bio-Zitrone
Salz | Pfeffer
2 EL Sojamehl
1 EL Speisestärke
2 EL Olivenöl

Zubereitungszeit: 50 Minuten
Kalorien pro Portion: 200 kcal

1 Die Pilze klein schneiden und mit dem Granulat in einer Schüssel mischen. Die Brühe erhitzen, das Granulat und die Pilze einrühren und bei schwacher Hitze ca. 5 Minuten köcheln lassen. Dann auf der abgeschalteten Herdplatte noch ca. 15 Minuten quellen lassen.

2 Inzwischen die Zwiebel schälen und so fein wie möglich hacken, sehr gut geht das mit dem Zwiebelhacker. Petersilie abbrausen und trocken schütteln, Blättchen abzupfen und fein schneiden. Die Zitronenhälfte heiß waschen und abtrocknen, die Schale fein abreiben.

3 Das gequollene Pilzgranulat mit der Zwiebel und der Petersilie, der Zitronenschale, Salz, Pfeffer, dem Sojamehl und der Speisestärke in eine Schüssel geben und so lange kräftig durchkneten, bis eine gebundene Masse entstanden ist. Daraus 8 Bratlinge formen.

4 Öl in einer großen Pfanne erhitzen. Die Sojabratlinge einlegen und bei mittlerer Hitze ca. 5 Minuten braten, bis sie schön braun sind. Umdrehen und noch einmal so lange braten. **Dazu schmeckt:** bunt gemischter Blattsalat und Bratkartoffeln oder knuspriges Brot.

TIPP

Bratlinge sind nicht nur aus Granulat gut, sondern auch aus Tofu. Ein Rezept dafür gibt es bei den Veggie-Burgern auf Seite 41.

Soja-Gemüse-Ragout

Eine winterliche Version, die sich aber auch mit anderen Gemüsesorten zubereiten lässt, ganz nach Jahreszeit

Zutaten für 4 Personen:
1 l Gemüsebrühe
200 g grobes Sojagranulat
1 Stange Lauch
1 Stück Knollensellerie (ca. 300 g)
1 große Möhre
500 g Rosenkohl
4 EL neutrales Öl
1 TL Kümmelsamen (nach Belieben)
2 EL Tomatenmark
Salz | Pfeffer
1 Kästchen Gartenkresse

Zubereitungszeit: 45 Minuten
Kalorien pro Portion: 275 kcal

1 Die Brühe erhitzen. Das Granulat in eine Schüssel geben, mit der heißen Brühe begießen und ca. 15 Minuten quellen lassen.

2 Inzwischen Lauch putzen, längs einschneiden und gründlich waschen, auch zwischen den Blattschichten. Den Lauch quer in feine Streifen schneiden. Den Sellerie und die Möhre schälen und in ca. 1 cm große Würfel schneiden. Vom Rosenkohl alle welken Blätter entfernen, die Strünke abschneiden. Die Röschen je nach Größe halbieren oder vierteln.

3 Das Granulat in einem Sieb abtropfen lassen, die ablaufende Brühe dabei auffangen. In einem großen Topf das Öl erhitzen. Darin das Granulat andünsten. Wer mag, mischt jetzt auch den Kümmel unter. Lauch, Sellerie, Möhre und Rosenkohl dazugeben, kurz mit andünsten.

4 Die aufgefangene Brühe angießen und das Tomatenmark gründlich unterrühren. Das Ragout mit Salz und Pfeffer würzen und zugedeckt bei schwacher Hitze ca. 10 Minuten schmoren, bis Granulat und Gemüse bissfest sind.

5 Soja-Gemüse-Ragout abschmecken. Vor dem Servieren die Kresse mit einer Küchenschere vom Beet schneiden und gleichmäßig auf das Ragout streuen. **Dazu schmeckt:** Brot.

Tofu süß, sauer und scharf

Richtig schön würzig

Zutaten für 4 Personen:
500 g Tofu
5 EL Sojasauce
2 rote Zwiebeln
2 Knoblauchzehen
2 grüne Chilischoten
2 Stangen Zitronengras
1 Stück Ingwer (ca. 2 cm)
je ½ Bund Koriandergrün und Minze
800 g Tomaten
2 EL neutrales Öl
2 TL brauner Zucker
1 EL Reisessig
Salz

Zubereitungszeit: 20 Minuten
+ 35 Minuten Garen
Kalorien pro Portion: 235 kcal

1 Tofu in 1 cm große Würfel schneiden und mit 2 EL Sojasauce mischen. Die Zwiebeln schälen, vierteln und in feine Streifen schneiden. Knoblauch schälen und in dünne Scheiben schneiden.

2 Chilischoten waschen, entstielen und mit den Kernen in feine Ringe schneiden. Zitronengras waschen und die Enden abschneiden. Die Stangen in 4–5 cm lange Stücke schneiden und mit einem kleinen Topf oder einem Stößel leicht klopfen (so geben sie mehr Aroma ab). Ingwer schälen und fein hacken.

3 Die Kräuter abbrausen und trocken schütteln, Blättchen abzupfen und fein schneiden. Aus den Tomaten die Stielansätze keilförmig herausschneiden. Die Tomaten mit kochend heißem Wasser überbrühen, kurz ziehen lassen, abschrecken, häuten und grob würfeln.

4 Öl in einem Topf erhitzen. Darin Chili, Zwiebeln, Knoblauch, Zitronengras, Ingwer und die Kräuter (bis auf 1–2 EL) anbraten. Zucker dazugeben, unter Rühren schmelzen lassen. die Tomaten untermischen, mit übriger Sojasauce und Essig würzen. Alles offen bei schwacher Hitze in 20–25 Minuten sämig einkochen. Die Sauce dabei ab und zu umrühren.

5 Tofu unter die Sauce mischen und ca. 10 Minuten darin ziehen lassen. Mit Salz würzen, mit den übrigen Kräutern bestreut servieren. **Dazu schmeckt:** Reis.

Ofentofu mit Limetten-Kräuter-Kruste

Lässt sich super vorbereiten und kann dann im Kühlschrank warten, bis er in den Ofen darf

Zutaten für 4 Personen:
500 g Tofu | 5 EL neutrales Öl
1 Bio-Limette | 2 Frühlingszwiebeln
je 1 Bund Koriandergrün und Basilikum
100 g Cashewnüsse oder gehäutete Mandeln
½ TL Ahornsirup
Salz | Pfeffer
Chiliflocken (nach Belieben)

Zubereitungszeit: 25 Minuten
+ 20 Minuten Backen
Kalorien pro Portion: 370 kcal

1 Den Tofu in ca. 1 cm dicke Scheiben schneiden. Eine feuerfeste Form mit 1 EL Öl einstreichen, die Tofuscheiben nebeneinander hineinlegen.

2 Backofen auf 220 Grad vorheizen. Die Limette heiß waschen und abtrocknen, Schale fein abreiben und 2 EL Saft auspressen. Frühlingszwiebeln waschen und putzen, die Kräuter abbrausen und trocken schütteln. Die Kräuterblättchen von den Stängeln zupfen und mit den Zwiebeln möglichst fein – fast schon musig – hacken. Cashewnüsse oder Mandeln auf der Käsereibe fein reiben oder im elektrischen Blitzhacker fein zerkleinern.

3 Die Nüsse mit der Kräutermischung, der Limettenschale und dem Limettensaft sowie dem übrigen Öl und dem Ahornsirup verrühren. Mit Salz, Pfeffer und nach Belieben auch ein paar Chiliflocken abschmecken.

4 Die Paste gleichmäßig auf dem Tofu verstreichen. Den Tofu im Ofen (Mitte) ca. 20 Minuten backen, bis die Limetten-Kräuter-Kruste goldbraun und knusprig ist. Dann den Ofentofu sofort servieren. **Dazu schmeckt:** ein Salat, z. B. aus zarten Spinatblättern und Gurkenscheiben, auf dem man den Tofu anrichtet, außerdem noch Brot.

Tempeh mit Erdnusssauce

Angenehm würzig

Zutaten für 4 Personen:
125 g Erdnussmus
200 ml Kokosmilch
2 TL Sambal oelek
1 EL Limettensaft
2 TL Ahornsirup oder Agavendicksaft
2 EL Sojasauce
Salz
50 g geröstete gesalzene Erdnüsse
3/4 l Öl zum Frittieren
400 g Tempeh

Zubereitungszeit: 30 Minuten
Kalorien pro Portion: 545 kcal

1 Für die Sauce das Erdnussmus mit Kokosmilch, Sambal oelek, Limettensaft, Sirup oder Dicksaft und der Sojasauce mit einem Schneebesen in einem Topf glatt verrühren und bei schwacher Hitze erwärmen. Eventuell mit Salz würzen.

2 Die Erdnüsse fein hacken und unter die Sauce mischen. Sauce warm halten.

3 Das Öl zum Frittieren in einem weiten großen Topf erhitzen. Zur Probe einen hölzernen Kochlöffelstiel ins heiße Fett tauchen. Bilden sich rundherum sofort viele Bläschen, ist es heiß genug.

4 Tempeh in ca. 1/2 cm dicke Scheiben schneiden. Die Scheiben portionsweise in dem heißen Fett in jeweils 2 Minuten knusprig frittieren. Die ausgebackenen Scheiben mit einem Schaumlöffel aus dem Topf heben, kurz abtropfen lassen und auf eine dicke Lage Küchenpapier geben, damit auch das restliche Fett noch aufgenommen werden kann.

5 Wenn alle Tempehscheiben frittiert sind, das Tempeh auf eine Platte geben und die Sauce darüberlaufen lassen. Gleich servieren. **Dazu schmeckt:** Reis oder Reisnudeln, außerdem ein paar rohe Gemüsestifte (z. B. Paprika, Salatgurke, Stangensellerie) zum Knabbern.

Panierter Seitan mit Kartoffelsalat

»Rustikales«, das angenehm satt macht

Zutaten für 4 Personen:
Für den Kartoffelsalat:
1 kg festkochende Kartoffeln
2 Frühlingszwiebeln
¼ l kräftige Gemüsebrühe
1 EL scharfer Senf
3 EL Apfel- oder Weißweinessig
Salz | Pfeffer
4 EL Raps- oder Sonnenblumenöl
½ Salatgurke
Für den Seitan:
500 g Seitan (in dünnen Scheiben oder im Stück, gekauft oder selbst gemacht, Seite 14)
Salz
Pfeffer
100 ml Reis- oder Mandeldrink
50 g Mehl
100 g Semmelbrösel
8 EL neutrales Öl
Zitronenschnitze zum Servieren

Zubereitungszeit: 50 Minuten
Kalorien pro Portion: 720 kcal

1 Für den Salat die Kartoffeln waschen, in einem Topf ganz knapp mit Wasser bedecken und zum Kochen bringen. Die Kartoffeln bei mittlerer Hitze zugedeckt in 20–30 Minuten weich, aber nicht zu weich kochen.

2 Inzwischen für die Salatsauce die Frühlingszwiebeln waschen, putzen und in feine Ringe schneiden. Die Brühe mit den Zwiebelringen aufkochen. Mit dem Senf, dem Essig, Salz, Pfeffer und dem Öl verrühren.

3 Die Kartoffeln abgießen, kurz ausdampfen lassen und noch heiß pellen. Kartoffeln in dünne Scheiben schneiden und lagenweise mit der Sauce in eine Schüssel schichten.

4 Die Gurke schälen oder gut waschen und in dünne Scheiben hobeln oder schneiden. Mit wenig Salz mischen und ziehen lassen, bis der Rest fertig ist.

5 Seitan falls nötig in dünne Scheiben schneiden. Seitanscheiben auf beiden Seiten mit Salz und Pfeffer würzen. Den Drink mit dem Mehl in einen tiefen Teller geben und mit dem Schneebesen glatt verrühren. Die Semmelbrösel in einen zweiten tiefen Teller füllen.

6 Die Seitanscheiben zuerst durch die Drinkmischung ziehen und anschließend in den Semmelbröseln wenden. Das Öl in einer großen beschichteten Pfanne erhitzen. Die Seitanschnitzel einlegen und bei mittlerer Hitze in ca. 4 Minuten goldbraun braten. Wenden und noch einmal so lang braten.

7 Die Gurken unter den Kartoffelsalat mischen, den Salat abschmecken. Die Seitanschnitzel aus der Pfanne heben und auf einer Platte mit den Zitronenschnitzen anrichten. Mit dem Kartoffelsalat auf den Tisch stellen.

Basic-TIPP

Panieren ohne Ei, geht das überhaupt? Aber ja, ganz problemlos sogar. Es braucht dafür eigentlich nur etwas Flüssiges und etwas Knuspriges. Das Flüssige ist im veganen Fall einfach Wasser oder Pflanzenmilch, vermischt mit Mehl oder Stärke: Weizen- oder Dinkel(vollkorn)mehl, Soja- oder Kichererbsenmehl bzw. Speisestärke. Das Verhältnis ist ungefähr 1:2 und die Konsistenz orientiert sich am »Vorbild« – sie sollte wie die eines verquirlten Eies sein. Das Knusprige sind im simpelsten Fall fertige (Vollkorn-) Semmelbrösel. Oder man geht selbst ans Werk: altbackenes Brot in der Küchenmaschine zerkleinern, Knäckebrot oder Cornflakes mörsern und mit gemahlenen Nüssen oder Sesam mischen. Und das Innenleben? Außer Tofu und Seitan kann das auch Gemüse sein, etwa vorgegarte Sellerie- oder Kohlrabischeiben, Austernpilze oder auch mal Tomatenscheiben.

Seitan mit Mandel-Kräuter-Creme

Mit Lupino oder Tofu ebenfalls nicht zu verachten

Zutaten für 4 Personen:
500 g Seitan (in dünnen Scheiben oder im Stück, gekauft oder selbst gemacht, Seite 14)
Salz | Pfeffer
½ Bio-Zitrone
4 Stängel Estragon (ersatzweise 8 Stängel Basilikum, Petersilie oder Thymian)
1 EL Mandelmus
⅛ l Gemüsebrühe
4 EL Mandelblättchen
2 EL Olivenöl
1 TL scharfer Senf

Zubereitungszeit: 15 Minuten
Kalorien pro Portion: 280 kcal

1 Seitan falls nötig in dünne Scheiben schneiden. Die Seitanscheiben trocken tupfen und mit Salz und Pfeffer würzen.

2 Die Zitronenhälfte heiß waschen und abtrocknen, Schale fein abreiben. Estragon abbrausen und trocken schütteln, die Blättchen abzupfen und fein hacken. Das Mandelmus und die Brühe mit der Gabel gründlich durchrühren.

3 Die Mandelblättchen in einer großen Pfanne ohne Fett bei mittlerer Hitze goldbraun rösten. Aus der Pfanne nehmen.

4 Öl in die Pfanne geben und erhitzen. Die Seitanscheiben einlegen und bei mittlerer bis starker Hitze pro Seite ca. 2 Minuten braten, bis sie knusprig braun sind. Den Seitan aus der Pfanne nehmen und auf einem Teller zugedeckt warm halten.

5 Mandelbrühe in die Pfanne gießen und aufkochen. Estragon, Zitronenschale und den Senf dazurühren und die Creme mit Salz und Pfeffer abschmecken. Die Mandel-Kräuter-Creme über den Seitan gießen, die Mandelblättchen aufstreuen. Gleich servieren. **Dazu schmeckt:** Bratkartoffeln oder Gemüse, z. B. gekochte grüne Bohnen, die mit Zitronensaft und Olivenöl verfeinert wurden.

Lupino mit scharfer Tomatensauce

Ist auch mit Seitan ein echter Gaumenschmaus

Zutaten für 4 Personen:
500 g Tomaten
1 rote Zwiebel
2 Knoblauchzehen
2 Zweige Rosmarin
4 EL Olivenöl
2 TL Chiliflocken
Salz
4 Lupinenfilets oder -schnitzel

Zubereitungszeit: 30 Minuten
Kalorien pro Portion: 430 kcal

1 Aus den Tomaten die Stielansätze keilförmig herausschneiden. Tomaten mit kochend heißem Wasser übergießen, kurz darin ziehen lassen, abschrecken und die Haut abziehen. Die Tomaten in grobe Würfel schneiden.

2 Zwiebel und Knoblauch schälen, die Zwiebel halbieren und in feine Streifen schneiden, den Knoblauch fein hacken. Den Rosmarin abbrausen und trocken schütteln, die Blättchen abzupfen und fein schneiden.

3 In einem Topf 2 EL Olivenöl erhitzen. Darin Zwiebel, Knoblauch, Rosmarin und die Chiliflocken bei mittlerer Hitze unter Rühren 2–3 Minuten andünsten, aber nicht bräunen, sonst schmeckt der Knoblauch bitter. Tomaten dazugeben, salzen und alles offen ca. 5 Minuten dünsten. Ab und zu umrühren, damit nichts anbrennt.

4 Übriges Öl in einer großen Pfanne erhitzen. Darin die Lupinenfilets oder -schnitzel bei mittlerer bis starker Hitze pro Seite ca. 2 Minuten braten, bis sie knusprig sind. Mit der Tomatensauce servieren. **Dazu schmeckt:** Couscous, Reis oder einfach nur Brot.

TIPP

Die Tomatensauce ist auch cremig sehr gut. Dafür zum Schluss noch 1 Schuss Pflanzensahne unterrühren.

Tofu mit Currypilzen

Schmeckt auch prima mit Seitan oder Lupino

Zutaten für 4 Personen:
500 g Champignons oder Egerlinge
2 Frühlingszwiebeln
2 Knoblauchzehen
½ Bund Petersilie
½ Bio-Zitrone
2 TL Koriandersamen
4 EL neutrales Öl
2 TL scharfes Currypulver
200 ml Pflanzensahne (am besten Mandel- oder Hafersahne)
Salz | Pfeffer
500 g Tofu

Zubereitungszeit: 40 Minuten
Kalorien pro Portion: 455 kcal

1 Die Pilze mit feuchtem Küchenpapier sauber abreiben und die Stielenden abschneiden. Die Pilze in dünne Scheiben schneiden. Frühlingszwiebeln waschen, putzen und in feine Ringe schneiden.

2 Knoblauch schälen und in dünne Scheiben schneiden. Die Petersilie abbrausen, trocken schütteln und die Blättchen fein schneiden. Die Zitronenhälfte heiß waschen und abtrocknen, Schale fein abreiben, 1 EL Saft auspressen.

3 Einen großen Topf erhitzen. Darin den Koriander unter Rühren ca. 1 Minute anrösten, dann herausnehmen und im Mörser möglichst fein zerstoßen.

4 In dem Topf 2 EL Öl erhitzen. Darin die Pilze unter Rühren bei starker Hitze ca. 4 Minuten braten, bis die Flüssigkeit, die sich dabei bildet, wieder verdampft ist. Zwiebeln und Knoblauch dazugeben und kurz mitbraten. Currypulver darüberstäuben, ebenfalls kurz braten. Sahne angießen und kräftig aufkochen. Pilze mit Koriander, Zitronenschale und -saft, Salz und Pfeffer würzen, warm halten.

5 Tofu in dünne Scheiben schneiden, mit Salz und Pfeffer würzen. Übriges Öl in einer großen Pfanne erhitzen. Tofuscheiben einlegen und bei mittlerer bis starker Hitze pro Seite in ca. 4 Minuten knusprig braten. Die Petersilie unter die Pilze mischen. Mit dem Tofu servieren. **Dazu schmeckt:** Reis, Bulgur, Couscous.

Mangoldröllchen mit Kartoffel-Linsen-Füllung

Echt was Feines

Zutaten für 4 Personen:
250 g vorwiegend festkochende Kartoffeln
150 g rote Linsen | ½ l Gemüsebrühe
8 große Mangoldblätter (ca. 500 g)
Salz | 2 Frühlingszwiebeln
2 Knoblauchzehen
1 Zweig Rosmarin
½ Bund Petersilie oder Basilikum
500 g frische Tomaten (ersatzweise 1 Dose gehackte Tomaten, 400 g Inhalt)
4 getrocknete Tomaten (in Öl)
Pfeffer oder Chiliflocken nach Geschmack
2 EL Olivenöl

Zubereitungszeit: 1 ½ Stunden
Kalorien pro Portion: 275 kcal

1 Die Kartoffeln gründlich waschen, in einem Topf ganz knapp mit Wasser bedecken und zum Kochen bringen. Die Kartoffeln bei mittlerer Hitze zugedeckt in 20 – 30 Minuten weich, aber nicht zu weich kochen. Dann abgießen und kurz ausdampfen lassen.

2 Inzwischen in einem zweiten Topf die Linsen mit 350 ml Gemüsebrühe zum Kochen bringen. Linsen zugedeckt bei schwacher Hitze ca. 20 Minuten garen, bis sie fast zerfallen. Dabei ab und zu umrühren und bei Bedarf noch etwas Wasser angießen.

3 Mangoldblätter waschen und putzen. In einem großen Topf reichlich Wasser zum Kochen bringen, salzen. Darin die Mangoldblätter in zwei Portionen jeweils

1–2 Minuten sprudelnd kochen lassen, bis sie schön geschmeidig sind. Mit dem Schaumlöffel herausheben und kalt abschrecken, abtropfen lassen. Die dicken Mittelrippen flacher schneiden.

4 Frühlingszwiebeln waschen, putzen und fein schneiden. Knoblauch schälen und sehr fein hacken. Kräuter abbrausen und trocken schütteln, die Blättchen abzupfen und fein hacken.

5 Aus den frischen Tomaten die Stielansätze keilförmig herausschneiden. Die Tomaten mit kochend heißem Wasser überbrühen, kurz darin ziehen lassen, kalt abschrecken und die Haut abziehen. Die gehäuteten frischen Tomaten und die getrockneten getrennt in kleine Würfel schneiden.

6 Kartoffeln pellen und klein würfeln. In einer Schüssel mit Linsen, Frühlingszwiebeln, Knoblauch, Kräutern und den getrockneten Tomaten verrühren. Die Füllung mit Salz und Pfeffer oder Chiliflocken würzen.

7 Mangoldblätter nebeneinander auf der Arbeitsfläche ausbreiten. Die Füllung jeweils im unteren Drittel verteilen. Die unteren und seitlichen Blattränder über die Füllung klappen, die Blätter von dort aus aufrollen. Mit Küchengarn umwickeln oder 2 Zahnstochern verschließen.

8 Das Öl in einem weiten Topf erhitzen. Die Mangoldröllchen darin bei mittlerer Hitze rundherum kurz anbraten. Frische Tomaten und übrige Brühe dazugeben, mit Salz und Pfeffer oder Chiliflocken würzen. Die Röllchen ca. 20 Minuten zugedeckt bei schwacher Hitze schmoren.

9 Die Mangoldröllchen aus dem Topf heben und auf eine Platte legen. Die Sauce abschmecken und über die Röllchen schöpfen. Gleich servieren. **Dazu schmeckt:** Brot.

Tomaten mit Amaranthfüllung

Schmecken lauwarm auch als Vorspeise – dann für 8 Leute

Zutaten für 4 Personen:
200 g Amaranth
Salz
2 Frühlingszwiebeln (ersatzweise 1 milde weiße Zwiebel)
je 2 Zweige Thymian und Oregano
½ Bund Petersilie
4 EL Sonnenblumenkerne
8 Tomaten (ca. 1,2 kg)
1 TL Tomatenmark
Pfeffer
1 EL Olivenöl
150 ml Gemüsebrühe

Zubereitungszeit: 45 Minuten + 20 Minuten Schmoren
Kalorien pro Portion: 320 kcal

1 Den Amaranth mit 400 ml Wasser und etwas Salz in einem Topf verrühren und zum Kochen bringen. Den Amaranth zugedeckt ca. 30 Minuten bei schwacher Hitze garen, bis er die Flüssigkeit völlig aufgesogen hat.

2 Inzwischen die Frühlingszwiebeln waschen, putzen und klein schneiden. Die Kräuter abbrausen und trocken schütteln, Blättchen abzupfen und fein hacken. Sonnenblumenkerne in einer Pfanne ohne Fett bei mittlerer Hitze anrösten, bis sie gebräunt sind. Aus der Pfanne nehmen.

3 Die Tomaten waschen und oben jeweils einen kleinen Deckel abschneiden, die Stielansätze entfernen. Das weiche Tomatenfleisch mit einem Teelöffel aus den Tomaten schaben. Das ausgehöhlte Tomatenfleisch und die Tomatendeckel sehr fein hacken.

4 Den Amaranth mit Frühlingszwiebeln, Kräutern, Sonnenblumenkernen, 2 EL gehacktem Tomatenfleisch und Tomatenmark verrühren. Die Mischung salzen, pfeffern und in die Tomaten füllen.

5 Olivenöl in einem weiten Topf oder einer großen Pfanne mit Deckel erhitzen. Darin das restliche gehackte Tomatenfleisch kurz andünsten. Brühe angießen, die Sauce mit Salz und Pfeffer würzen.

6 Die gefüllten Tomaten nebeneinander in die Sauce setzen und zugedeckt bei schwacher Hitze ca. 20 Minuten schmoren. Mit der Sauce auf Teller verteilen und servieren. **Dazu schmeckt:** knuspriges Brot, gemischter Blattsalat.

Gemüsecurry mit Kokosmilch

Thailand lässt grüßen

Zutaten für 4 Personen:
je 1 gelbe und rote Paprikaschote
250 g grüne Bohnen
2 Möhren
1 Stange Staudensellerie
1 Bund Frühlingszwiebeln
50 g Cashewnüsse
2 EL neutrales Öl
Salz
150 g gepalte Erbsen (frisch oder TK)
1 – 2 TL rote oder grüne Currypaste
400 ml Kokosmilch
1 Bio-Limette
1 Stück Ingwer (ca. 4 cm)
4 Stängel (Thai-)Basilikum oder Koriandergrün

Zubereitungszeit: 35 Minuten
Kalorien pro Portion: 395 kcal

1 Die Paprikaschoten vierteln, putzen, waschen, in dünne Streifen schneiden. Die Bohnen waschen und die Enden abschneiden. Falls sich dabei Fäden lösen, abziehen. Die Bohnen in ca. 2 cm lange Stücke schneiden. Die Möhren schälen und erst längs in 1 cm dicke Scheiben, dann in ebenso breite Stifte schneiden. Den Sellerie waschen, putzen und in dünne Scheiben schneiden. Die Frühlingszwiebeln waschen, putzen und in dicke Ringe schneiden.

2 Die Cashewnüsse halbieren, dazu mit einer kleinen Messerspitze zwischen die Nusshälften fahren und diese auseinanderlösen. Das Öl in einer großen Pfanne erhitzen. Darin die Nüsse unter Rühren ca. 1 Minute rösten, bis sie goldbraun sind. Herausheben und auf einen Teller geben, wenig salzen.

3 Bohnen und Möhren ins Öl geben, salzen und unter Rühren bei mittlerer bis starker Hitze 3 – 4 Minuten braten. Das übrige Gemüse (auch die Erbsen) und die Frühlingszwiebeln dazugeben und kurz mitbraten. Currypaste dazugeben und gründlich untermischen, Kokosmilch und ca. 50 ml Wasser angießen und das Gemüse offen in ca. 4 Minuten bei mittlerer Hitze bissfest garen.

4 Inzwischen Limette heiß waschen und abtrocknen, Schale fein abreiben und 2 – 3 EL Saft auspressen. Ingwer schälen und erst in dünne Scheiben, dann in ganz feine Streifen schneiden. Das Basilikum oder den Koriander abbrausen und trocken schütteln, Blättchen abzupfen und fein hacken.

5 Das Gemüsecurry mit Salz, Limettenschale und -saft abschmecken. Ingwer, Basilikum oder Koriander und Cashewnüsse jeweils auf kleine Schälchen verteilen und mit dem Curry auf den Tisch stellen. Erst beim Essen aufstreuen.
Dazu schmeckt: Duftreis.

Variante: Indisches Kartoffel-Auberginen-Curry

500 g festkochende Kartoffeln schälen, waschen und gut 1 cm groß würfeln. 500 g Auberginen waschen, putzen und ebenso groß würfeln. 2 Knoblauchzehen, 2 Zwiebeln und 1 Stück Ingwer (ca. 4 cm) schälen, fein hacken. 4 EL Öl in einem großen Topf erhitzen. Darin Auberginen anbraten. Zwiebeln, Knoblauch und Ingwer mit je 2 TL gemahlenem Koriander, gemahlenem Kreuzkümmel, Chili- und Kurkumapulver dazugeben, kurz mitdünsten. Die Kartoffeln untermischen, mit ¼ l Gemüsebrühe aufgießen und in ca. 15 Minuten bei mittlerer Hitze zugedeckt schmoren. 300 g gehäutete, grob gewürfelte Tomaten untermischen und erwärmen. Curry mit Salz abschmecken und mit frisch gehacktem Koriandergrün bestreut servieren.

Basic-TIPP

Das Angebot an fertigen Currypasten ist inzwischen riesig. Einige sind richtig feurigscharf, andere eher mild. Eine genaue Menge anzugeben ist bei dem Rezept deshalb schwierig. Am besten mit 1 TL Paste anfangen und dann nach Wunsch nach und nach mehr dazugeben, bis das Curry die passende Schärfe erreicht hat. Und: Schon beim Einkauf auf die Zutatenliste der Currypaste schauen. In manchen Pasten stecken nämlich nicht nur vegane Zutaten, sondern auch Fisch- oder Austernsauce.

Bohnen-Chili-Ragout

Mit dem mexikanischen Chili-Klassiker verwandt

Zutaten für 4 Personen:
250 g getrocknete rote Kidney- oder Borlottibohnen
4 Stängel Bohnenkraut (ersatzweise Thymian)
2 Lorbeerblätter
2 große Zwiebeln
4 Knoblauchzehen
1 rote Chilischote
2 Stangen Staudensellerie
1 Maiskolben | 700 g Tomaten
2 EL Olivenöl | 1 EL Tomatenmark
1 EL Weiß- oder Rotweinessig | Salz
eventuell Chiliflocken zum Nachwürzen
½ Bund Koriandergrün

Zubereitungszeit: 45 Minuten
+ 8 Stunden Quellen
+ 1–1½ Stunden Garen
Kalorien pro Portion: 290 kcal

1 Die Kidney- oder Borlottibohnen in eine Schüssel füllen und mit Wasser bedecken. Die Bohnen mind. 8 Stunden quellen lassen.

2 Dann die Bohnen in ein Sieb abgießen, wieder in den Topf geben und mit frischem Wasser bedecken, zum Kochen bringen. Das Bohnenkraut abbrausen und mit den Lorbeerblättern dazugeben. Die Bohnen zugedeckt bei schwacher Hitze in 1–1½ Stunden weich, aber nicht musig kochen, dann abgießen.

3 Die Zwiebeln und den Knoblauch schälen und fein hacken. Die Chilischote waschen und den Stiel abschneiden. Die Schote mitsamt den Kernen sehr fein schneiden. Den Sellerie waschen und putzen, zarte Blätter abzupfen und fein hacken. Die Selleriestangen in kleine Würfel schneiden.

4 Sollte der Maiskolben noch von Hüllblättern umgeben sein, diese entfernen. Dann den Kolben am unteren Ende flach schneiden und aufrecht auf ein Küchenbrett stellen. Die Maiskörner nach und nach mit einem großen scharfen Messer vom Kolben abschneiden.

5 Aus den Tomaten die Stielansätze keilförmig herausschneiden. Tomaten mit kochend heißem Wasser überbrühen, kurz darin ziehen lassen, kalt abschrecken und häuten. Die Tomaten in grobe Würfel schneiden.

6 Das Öl in einem großen Topf erhitzen. Darin die Zwiebeln, den Knoblauch und die Chili bei mittlerer Hitze unter Rühren andünsten. Den Sellerie und den Mais dazugeben und kurz mitdünsten. Tomaten mit dem Tomatenmark unterrühren und die Sauce offen bei mittlerer Hitze ca. 10 Minuten schmoren lassen, bis sie etwas dickflüssiger wird.

7 Die Bohnen unter die Sauce rühren und gut heiß werden lassen. Das Ragout mit Essig, Salz und eventuell Chiliflocken abschmecken. Den Koriander abbrausen und trocken schütteln, die Blättchen abzupfen und fein hacken. Koriander vor dem Servieren mit dem gehackten Selleriegrün auf das Ragout streuen. **Dazu schmeckt:** Polenta oder ein anderes Getreide, z. B. Bulgur oder Couscous.

Gemüse-Dattel-Ragout mit Couscous

Schlemmen wie im Orient

Zutaten für 4 Personen:
Für das Gemüseragout:
1 Döschen Safranfäden (0,1 g)
400 ml Gemüsebrühe
1 kg gemischte Wintergemüse (z. B. Pastinaken, Topinambur, Rosenkohl und Steckrüben)
je ½ Bund Petersilie und Koriandergrün
2 EL Olivenöl
je 2 TL edelsüßes und rosenscharfes Paprikapulver und Ras-el-hanout (marokkanische Würzmischung)
Salz
100 g Datteln (frisch oder getrocknet)
1 EL Zitronensaft
Für den Couscous:
250 g Instant-Couscous
Salz
1 EL vegane Margarine

Zubereitungszeit: 40 Minuten
Kalorien pro Portion: 435 kcal

1 Für das Ragout die Safranfäden zwischen den Fingern fein zerkrümeln und mit der Gemüsebrühe verrühren. Die Brühe stehen lassen, bis sie sich kräftig orange verfärbt hat.

2 Inzwischen das Gemüse schälen oder waschen und putzen. Vom Rosenkohl die welken Blätter und die Strünke entfernen. Das Gemüse in mundgerechte Stücke schneiden. Kräuter abbrausen und trocken schütteln, die Blättchen abzupfen und fein hacken (ca. 2 TL davon für später zum Bestreuen beiseitelegen).

3 Das Öl in einem Schmortopf erhitzen. Darin das Gemüse unter Rühren bei mittlerer Hitze 2 – 3 Minuten andünsten. Die Gewürze darüberstäuben und kurz mitdünsten, dann die Kräuter unterrühren und die Safranbrühe angießen. Das Gemüse salzen und bei schwacher Hitze zugedeckt in ca. 8 Minuten bissfest schmoren. Zwischendurch umrühren.

4 Für den Couscous in einem Topf 300 ml Wasser zum Kochen bringen und salzen. Den Couscous einrühren, den Deckel auflegen und den Couscous bei sehr schwacher Hitze ca. 5 Minuten quellen lassen.

5 Für das Ragout die Datteln längs einschneiden, entsteinen und halbieren. Die Datteln zum Gemüse geben und das Ragout mit Salz und dem Zitronensaft abschmecken.

6 Margarine schmelzen und mit einer Gabel unter den Couscous ziehen. Die beiseitegelegten Kräuter aufs Gemüse-Dattel-Ragout streuen. Ragout und Couscous zusammen auf den Tisch bringen.

TIPP

Wer mag, reicht zum Ragout noch etwas veganen Joghurt, den man mit ein wenig Olivenöl, Salz und gemahlenem Kreuzkümmel verrührt.

Kürbisrisotto

Mit Orange und Kürbiskernöl

Zutaten für 4 Personen:
1 Stück Hokkaido-Kürbis (ca. 500 g; Muskatkürbis geht auch, der muss aber geschält werden)
1 rote Zwiebel
2 Knoblauchzehen
2 TL Koriandersamen
1 ¼ l Gemüsebrühe
3 EL vegane Margarine
350 g Risottoreis (am besten Carnaroli)
1 Bio-Orange
2 EL Kürbiskerne
Salz | Pfeffer
2 EL Kürbiskernöl

Zubereitungszeit: 45 Minuten
Kalorien pro Portion: 475 kcal

1 Kürbis waschen. Die Kerne mitsamt dem faserigen Fruchtfleisch mit einem Löffel herausschaben. Den Kürbis klein würfeln. (Geschält werden muss der Hokkaido nicht, deshalb bleibt er beim Garen auch so schön fest.)

2 Die Zwiebel und den Knoblauch schälen und fein würfeln. Koriander in einer kleinen Pfanne ohne Fett anrösten und dann im Mörser fein zerstoßen. Die Gemüsebrühe erhitzen.

3 In einem großen Topf 1 EL Margarine schmelzen. Darin Zwiebel, Knoblauch und Koriander andünsten. Den Reis ungewaschen dazugeben und unterrühren. 1 Schöpfer Gemüsebrühe angießen, einkochen lassen. Den Reis jetzt offen bei mittlerer Hitze in ca. 20 Minuten körnig garen. Dabei oft durchrühren und immer wieder 1 Schöpfer Gemüsebrühe dazugießen, sodass der Reis nie austrocknet.

4 Inzwischen Orange heiß waschen und abtrocknen, Schale fein abreiben. Kürbiskerne in der kleinen Pfanne ohne Fett anrösten, bis sie duften, dann auf einem Teller beiseitestellen.

5 Die übrige Margarine in Stücke schneiden und mit der Orangenschale unter den Risotto heben. Mit Salz und Pfeffer abschmecken. Den Kürbisrisotto in tiefe Teller schöpfen. Auf jede Portion ein paar Kürbiskerne streuen und etwas Kürbiskernöl darüberträufeln.

Spargelpilaw

Türkisch angehaucht

Zutaten für 4 Personen:
300 g Langkornreis | 3 EL Rosinen
500 g grüner Spargel
2 Frühlingszwiebeln | 300 g Tomaten
200 g Räuchertofu (nach Belieben)
3 EL Olivenöl | 900 ml Gemüsebrühe
Salz | Pfeffer
2 TL gemahlener Kreuzkümmel
je 1 TL rosenscharfes und edelsüßes Paprikapulver
1 Prise Zimtpulver | 4 EL Pinienkerne
1 EL Korianderblättchen

Zubereitungszeit: 45 Minuten
Kalorien pro Portion: 555 kcal

1 Reis in einem Sieb abbrausen, abtropfen lassen. Die Rosinen in einer Schüssel mit warmem Wasser begießen.

2 Spargel waschen, holzige Enden entfernen. Spitzen abschneiden, Stangen in 1 cm breite Stücke schneiden. Frühlingszwiebeln waschen, putzen und in Ringe schneiden. Davon 1 EL beiseitelegen.

3 Aus den Tomaten Stielansätze keilförmig herausschneiden. Tomaten mit kochend heißem Wasser überbrühen, kurz darin ziehen lassen, abschrecken, häuten. Die Tomaten klein würfeln. Eventuell den Tofu knapp 1 cm groß würfeln.

4 In einem weiten Topf 1 ½ EL Olivenöl erhitzen. Darin Frühlingszwiebeln und Spargelstücke anbraten. Die Rosinen abtropfen lassen, mit dem Reis dazugeben. Gemüsebrühe aufgießen und mit Salz, Pfeffer, Kreuzkümmel, Paprikapulver und Zimt würzen. Den Reis zugedeckt bei schwacher Hitze ca. 15 Minuten garen.

5 In einer Pfanne die Pinienkerne im übrigen Öl anrösten, herausnehmen. Spargelspitzen im Öl bei starker Hitze 2 – 3 Minuten braten. Eventuell Räuchertofu dazugeben und 1 – 2 Minuten mitbraten. Spargel, Tofu und die Tomaten zum Reis geben. Pilaw noch 5 Minuten weitergaren, bis der Reis bissfest ist.

6 Den Pilaw abschmecken und mit den Korianderblättchen, den Pinienkernen und den beiseitegelegten Zwiebelringen bestreuen. **Dazu schmeckt:** Blattsalat, Pflanzenjoghurt mit Chiliflocken und Salz abgeschmeckt.

Gebratener Reis mit Kohlrabi

Geniale Resteverwertung für Reis vom Vortag

Zutaten für 4 Personen:
2 Kohlrabi (möglichst mit Grün)
1 Bund Frühlingszwiebeln
100 g Alfalfasprossen
½ Bio-Zitrone
4 EL neutrales Öl
600 g gegarter Langkornreis (ungekocht wären das ca. 300 g Reis)
Salz
3 EL helle Sojasauce
75 g geröstete gesalzene Erdnüsse

Zubereitungszeit: 25 Minuten
Kalorien pro Portion: 405 kcal

1 Den Kohlrabi schälen, zarte Blätter (falls vorhanden) waschen und beiseitelegen. Kohlrabi erst in knapp 1 cm dicke Scheiben, dann in ebenso breite Stifte schneiden. Frühlingszwiebeln waschen, putzen und in ca. 5 cm lange Stücke schneiden. Die Zwiebelstücke längs in feine Streifen schneiden.

2 Sprossen in einem Sieb abbrausen und abtropfen lassen. Die Zitronenhälfte heiß waschen und abtrocknen. Die Schale dünn abschneiden (ohne das Weiße) und in feine Streifen schneiden.

3 In einer großen beschichteten Pfanne 2 EL Öl erhitzen. Reis gleichmäßig darin verteilen und ca. 2 Minuten bei starker Hitze braten, bis er unten eine Kruste bildet. In der Zeit nicht umrühren! Reis wenden (am besten in großen Stücken) und auch die andere Seite ca. 2 Minuten braten. Reis aus der Pfanne nehmen.

4 Das übrige Öl in der Pfanne erhitzen. Die Kohlrabistifte dazugeben, salzen und unter Rühren ca. 2 Minuten braten. Zwiebelstreifen dazugeben und weitere 2 Minuten braten. Das Gemüse mit der Sojasauce würzen. Reis untermischen und heiß werden lassen.

5 Die Erdnüsse fein hacken, eventuell auch die Kohlrabiblättchen. Den Reis mit Zitronenschale und Salz abschmecken und die Sprossen, die Erdnüsse und die Kohlrabiblättchen aufstreuen.

Gebackene gefüllte Pilze

Schmecken besonders gut mit einer großen Schüssel Salat

Zutaten für 4 Personen:
1 Handvoll Blattspinat oder Rucola (auch fein: anderes Grünzeug wie Borretsch oder Petersilie)
Salz
100 g Seitan (gekauft oder selbst gemacht, Seite 14)
1 EL Walnüsse
1 kleine gelbe Paprikaschote
1 rote oder weiße Zwiebel
½ Bio-Zitrone
12 große Champignons oder Egerlinge (ca. 600 g)
Pfeffer oder Chiliflocken
2 EL Semmelbrösel
4 EL Olivenöl

Zubereitungszeit: 25 Minuten
+ 20 – 25 Minuten Backen
Kalorien pro Portion: 190 kcal

1 Den Spinat oder Rucola von dicken Stielen befreien, gründlich waschen und kurz abtropfen lassen. Für den Spinat in einem Topf Wasser zum Kochen bringen und salzen. Den Spinat in das Wasser geben und in 1 Minute zusammenfallen lassen. In ein Sieb gießen, abschrecken und gut abtropfen lassen.

2 Den Seitan in sehr kleine Würfel schneiden. Die Walnüsse nicht zu fein hacken. Die Paprika vierteln, putzen und waschen, die Viertel in feine Streifen schneiden. Die Zwiebel schälen und fein hacken. Die Zitronenhälfte heiß waschen und abtrocknen, die Schale fein abreiben, den Saft auspressen.

3 Die Pilze mit feuchtem Küchenpapier sauber abreiben, die Stielenden knapp abschneiden. Stiele aus den Pilzköpfen drehen und fein schneiden, Pilzköpfe mit Zitronensaft beträufeln und mit Salz und Pfeffer oder Chiliflocken würzen.

4 Backofen auf 220 Grad vorheizen. Den Spinat oder Rucola mit dem Seitan, den Walnüssen, der Paprika, der Zwiebel und den Semmelbröseln verrühren und mit der Zitronenschale, Salz und Pfeffer oder Chiliflocken abschmecken. Diese Mischung in die Pilzköpfe füllen.

5 Gehackte Pilzstiele in eine feuerfeste Form geben, mit Salz und Pfeffer oder Chiliflocken würzen. Die gefüllten Pilze nebeneinander daraufsetzen und das Öl darüberlaufen lassen. Die Pilze im Ofen (Mitte) 20 – 25 Minuten backen, bis sie schön gebräunt sind.

Ofenzucchini mit Tomaten Quinoa-Kruste

Schmecken auch wunderbar kalt als Vorspeise und reichen dann für 6 – 8 Leute

Zutaten für 4 Personen:
200 g roter oder weißer Quinoa
450 ml Gemüsebrühe
800 g Zucchini
300 g frische Tomaten
4 getrocknete Tomaten (in Öl)
50 g schwarze Oliven
je 2 große Zweige Rosmarin und Salbei
10 Zweige Thymian
1 EL Tomatenmark
Salz | Pfeffer
4 EL Pinienkerne
4 EL Olivenöl

Zubereitungszeit: 35 Minuten
+ 25 – 30 Minuten Backen
Kalorien pro Portion: 425 kcal

1 Den Quinoa mit der Brühe in einen Topf geben und zum Kochen bringen. Den Quinoa ca. 15 Minuten offen bei mittlerer Hitze köcheln lassen, bis er die Brühe aufgesogen hat. Dann neben der Kochstelle leicht abkühlen lassen.

2 Inzwischen die Zucchini waschen, putzen und längs in knapp 1 cm dicke Scheiben schneiden. Zucchinischeiben nebeneinander in eine große feuerfeste Form oder auf das Backblech (mit Backpapier darauf) legen.

3 Die frischen Tomaten häuten oder waschen, klein würfeln. Die getrockneten Tomaten abtropfen lassen und sehr fein schneiden. Das Olivenfleisch von den Steinen schneiden und ebenfalls möglichst fein zerkleinern. Die Kräuter abbrausen und trocken schütteln, die Blättchen abzupfen und fein hacken.

4 Backofen auf 220 Grad vorheizen. Den Quinoa mit den frischen und den getrockneten Tomaten, Oliven, Kräutern und dem Tomatenmark verrühren. Mit Salz und Pfeffer abschmecken.

5 Die Zucchini ebenfalls mit Salz und Pfeffer würzen und die Quinoamischung darauf verteilen. Die Pinienkerne aufstreuen und zum Schluss das Olivenöl darüberträufeln.

6 Die Zucchini in den Ofen (Mitte) schieben und 25 – 30 Minuten backen, bis die Oberfläche leicht gebräunt ist. Kurz stehen lassen, dann servieren.
Dazu schmeckt: Blattsalat, z. B. ein Rucolasalat.

Kartoffelpizza mit würziger Bärlauchsauce

Und grüner Spargel ist auch noch mit von der Partie

Zutaten für 3 – 4 Personen:
Für den Teig:
400 g Mehl
1 TL Salz
4 EL Olivenöl
1 Prise Zucker
gut ½ Würfel Hefe (ca. 25 g)
Für den Belag:
600 g vorwiegend festkochende Kartoffeln
Salz
400 g grüner Spargel
3 EL Pinienkerne
Pfeffer
4 EL Olivenöl
Für die Sauce:
50 g Bärlauch
4 EL Olivenöl
4 EL Gemüsebrühe
Salz | Pfeffer

Zubereitungszeit: 40 Minuten
+ 1 Stunde Gehen
+ 20 Minuten Backen
Kalorien pro Portion (bei 4): 760 kcal

1 Für den Teig das Mehl mit dem Salz, dem Olivenöl und dem Zucker mischen. Die Hefe zerkrümeln und in 175 ml lauwarmem Wasser glatt verrühren. Hefewasser zu der Mehlmischung geben und alles zu einem glatten geschmeidigen Teig verkneten. An einem warmen Ort zugedeckt ca. 1 Stunde gehen lassen, bis sich das Teigvolumen verdoppelt hat.

2 Für den Belag die Kartoffeln schälen, waschen und mit dem Gemüsehobel in feine Scheiben schneiden. In einem Topf Salzwasser zum Kochen bringen. Die Kartoffelscheiben darin ca. 2 Minuten sprudelnd kochen lassen, dann in ein Sieb abgießen, kalt abschrecken, abtropfen lassen. Den Spargel waschen und die holzigen Enden abschneiden, die Stangen leicht schräg in knapp 1 cm dicke Scheiben schneiden

3 Backofen auf 220 Grad vorheizen, das Backblech mit Backpapier auslegen. Den Hefeteig auf dem Backblech dünn ausrollen, dabei etwas dickere Ränder formen. Die Kartoffelscheiben dachziegelartig auf dem Teig auslegen. Den Spargel und die Pinienkerne daraufstreuen. Die Pizza salzen, pfeffern und mit dem Olivenöl beträufeln.

4 Die Kartoffelpizza im Ofen (Mitte) ca. 20 Minuten backen, bis Kartoffeln und Teig gebräunt sind. Inzwischen für die Sauce Bärlauch waschen, trocken schütteln und grob hacken. Den Bärlauch mit dem Olivenöl und der Gemüsebrühe fein pürieren und die Sauce mit Salz und Pfeffer abschmecken.

5 Die fertige Kartoffelpizza aus dem Ofen holen und die Bärlauchsauce in Klecksen darauf verteilen. Die Pizza in Stücke schneiden und servieren.

Variante: Flammkuchen mit Apfel und Frühlingszwiebeln

Für den Teig 10 g frische Hefe klein zerkrümeln, mit 175 ml lauwarmem Wasser, 1 TL Mehl und ¼ TL Zucker verrühren. Diesen Vorteig 1 Stunde stehen lassen. Dann 250 g Mehl und 1 geh. TL Salz dazugeben und alles zu einem glatten Teig verkneten. An einem warmen Ort zugedeckt 1 Stunde gehen lassen. Danach den Teig noch einmal durchkneten und auf wenig Mehl so dünn wie möglich ausrollen. Auf ein mit Backpapier ausgelegtes Backblech legen. 1 großen Apfel vierteln, schälen, entkernen, in dünne Spalten schneiden. Mit 1 Bund Frühlingszwiebeln in dünnen Ringen und 2 TL Kümmelsamen auf den Teig streuen. Mit 4 EL Öl und etwas grobkörnigem Salz bestreuen. Flammkuchen im 230 Grad heißen Backofen ca. 15 Minuten backen, bis er schön gebräunt ist. In Stücke schneiden und gleich servieren.

Süßes

Schokolade? Crêpes? Früchte? Zucker? Das alles ist auch im veganen Leben zu haben! Und zwar als kleine Belohnung nach dem Essen genauso wie auch als eigenständiger süßer Sattmacher. Immer mit dabei: viel Geschmack und Abwechslung. Wie wär's heute mit Erdbeersorbet mit grünem Pfeffer, gratinierten Pfirsichen oder gebratenen Bananen mit Zitronensauce, mit Kokosmilchreis mit Kirschen, Grießflammeri mit Rhabarberkompott oder Süßkartoffelpuffern mit exotischen Früchten? Tja, da fällt die Wahl schwer, keine Frage.

Was
ist eigentlich ...

vegane Schokolade?

So gut wie jede dunkle Schokolade mit einem Kakaoanteil von mehr als 70% sollte oder könnte vegan sein. Trotzdem ist es immer besser, auf der Zutatenliste zu schauen, was genau drinsteckt. Denn manche Hersteller mischen noch Milchpulver unter, obwohl es gar nicht nötig wäre. Normale Milchschokolade ist dagegen nicht vegan, sie enthält auf jeden Fall Milch(pulver). Inzwischen gibt es aber auch vegane Milchschoki (z.B. mit Soja- oder Reismilch(pulver) – und das sogar in weiß. Genauso ist helle Kuvertüre zu haben, dunkle sowieso.

Vegan ist überall:

Indien

Die Freundin einer Freundin meiner besten Freundin ist Inderin. Und die kocht für ihr Leben gern, am liebsten für viele. So war ich da auch mal eingeladen. Thali hat sie gemacht, es standen also viele kleine Schälchen auf dem Tisch, und in jedem waren unterschiedliche Köstlichkeiten – eine besser als die andere! Dicke Linsensuppe (Dal), ein Blumenkohlcurry, in Kichererbsenteig frittiertes Gemüse mit Minzsauce und noch so einiges mehr. Dazu gab es ein fruchtiges Mangochutney, safrangelben Reis mit Rosinen und gerösteten Mandeln drin, fluffiges Fladenbrot und knusprige Linsenfladen. Einfach göttlich! Und alles vegan.

Unsere Lieblingssauce:

Schokosauce

Die schmeckt warm oder kalt und ganz besonders gut über Früchten, z.B. rohen oder ausgebackenen Bananen oder Äpfeln oder auch zu gedünsteten Birnen! Und dazu ist sie so was von einfach zu machen: 150 g vegane dunkle Schokolade in Stücke brechen und mit 150 ml Mandeldrink oder Kokosmilch in einem kleinen Topf bei mittlerer Hitze schmelzen. Dabei ab und zu umrühren, damit nichts anbrennt. Mit Zucker oder Ahornsirup süß abschmecken. Und wer mag, würzt die Schokosauce noch mit 1 Prise Zimtpulver.

Wie schaut's aus mit ... Omega-3-Fettsäuren?

Weil Omega-3-Fettsäuren gut fürs Herz und den Kreislauf sind und gegen entzündliche Prozesse wie Rheuma wirken sollen, sind sie seit einigen Jahren ziemlich angesagt. Vor allem in fetten Fischen wie Makrele, Lachs und Sardine kommen sie vor.
Wer vegan lebt, nimmt stattdessen mit Leinöl (immer unerhitzt essen!) und Rapsöl (das kann man auch zum Braten nehmen), Leinsamen und Walnüssen Omega-3-Fettsäuren zu sich. Auch gut: Mikroalgen-Kapseln.
Zudem wichtig: Um eine gute Versorgung mit Omega-3-Fettsäuren zu gewährleisten, sollte man andere, nämlich Omega-6-Fettsäuren, eher sparsam zu sich nehmen. Und die stecken vor allem in Distel- und Sonnenblumenöl, aber auch in Soja- und Maiskeimöl.

Grießflammeri mit Rhabarberkompott

Lässt sich super vorbereiten

Zutaten für 4 Personen:
Für den Flammeri:
½ Bio-Zitrone
1 l Reis-Kokos-Drink
50 g Zucker
1 Pck. Vanillezucker
150 g Hartweizengrieß
Für das Kompott:
600 g Rhabarber
1 Vanilleschote
1 Stück Zimtstange (3 – 4 cm)
50 g Zucker
2 EL Ahornsirup
Außerdem:
4 Förmchen (je ca. 300 ml)

Zubereitungszeit: 20 Minuten
+ 4 Stunden Kühlen
Kalorien pro Portion: 405 kcal

1 Für den Flammeri die Zitronenhälfte heiß waschen und abtrocknen, Schale fein abreiben. Den Reis-Kokos-Drink mit dem Zucker und Vanillezucker in einem Topf heiß werden lassen. Den Grieß und die Zitronenschale unter ständigem Rühren mit dem Schneebesen einrieseln lassen und zugedeckt bei schwacher Hitze in ca. 10 Minuten zu einem dicken Brei ausquellen lassen.

2 Die Förmchen mit kaltem Wasser ausspülen und nicht abtrocknen. Den Grießbrei einfüllen und erkalten lassen. Dann für ca. 4 Stunden (oder auch über Nacht) in den Kühlschrank stellen.

3 Für das Kompott Rhabarber waschen und die Enden abschneiden. Fäden, die sich dabei lösen, abziehen. Rhabarber in ca. 1 cm dicke Stücke schneiden. Die Vanilleschote längs aufschlitzen, Mark mit dem Messerrücken herausschaben.

4 Den Rhabarber mit Vanilleschote und -mark, der Zimtstange und dem Zucker in einem Topf mit ⅛ l Wasser verrühren und zum Kochen bringen. Das Kompott offen bei mittlerer Hitze ca. 5 Minuten köcheln lassen, bis der Rhabarber weich ist. In eine Schüssel umfüllen und abkühlen lassen.

5 Dann die Vanilleschote und die Zimtstange entfernen, das Kompott mit dem Ahornsirup abschmecken.

6 Nach und nach die Förmchen mit den Grießflammeris jeweils mit einem umgedrehten Teller bedecken, mit Schwung wenden und den Flammeri auf den Teller stürzen. Rhabarberkompott daneben anrichten, servieren.

Variante: Polentaflammeri mit Beeren

400 g gemischte Beeren (z. B. Johannisbeeren, Himbeeren und Erdbeeren) kurz waschen, putzen oder verlesen und falls nötig kleiner schneiden. Mit 2 EL Zucker süßen. Den Flammeri mit 1 l Reis-Kokos-Drink, 50 g Zucker, 1 Pck. Vanillezucker und 125 g Instant-Polenta (Maisgrieß, vorgegart) wie beschrieben in 5 Minuten kochen. Den Polentabrei lauwarm abkühlen lassen, dann mit den Beeren in kalt ausgespülte Gläschen schichten. Für 1 – 2 Stunden in den Kühlschrank stellen. Ungestürzt servieren.

Basic-TIPP

Der Flammeri kann noch viel mehr – etwa zum Schokoflammeri werden: 80 g vegane dunkle Schokolade in Stücke brechen und mit dem kalten Reis-Kokos-Drink mischen. Zusammen erwärmen und schmelzen. Dann geht es weiter wie im Rezept. Oder für einen Nussflammeri 80 g gemahlene Mandeln oder Haselnüsse in einer trockenen Pfanne anrösten, dann mit dem Drink mischen und weiter machen wie im Rezept.

Kokosmilchreis mit Kirschen

Ganz easy im Backofen gemacht

Zutaten für 4 Personen:
250 g Milchreis
1 l Reis-Kokos-Drink oder Kokosmilch
50 g Zucker
2 EL getrocknete Cranberrys
500 g Kirschen
2 EL Kokosraspel oder dunkle Schokoraspel
2 EL vegane Margarine

Zubereitungszeit: 25 Minuten
+ 50 Minuten Backen
Kalorien pro Portion: 475 kcal

1 Backofen auf 200 Grad vorheizen. Den Reis in einem Sieb gründlich kalt abspülen und dann in einer feuerfesten Form mit dem Reis-Kokos-Drink oder der Kokosmilch, Zucker und den Cranberrys mischen. Die Form in den Ofen (unten) stellen und den Reis ca. 25 Minuten backen, bis Drink oder Milch leise köcheln.

2 Inzwischen die Kirschen waschen und entkernen. Das geht am besten mit einem Kirschentkerner. Wer keinen hat, schneidet die Kirschen auf und löst die Kerne heraus. (Oder die Kirschen einfach samt Kernen unter den Reis mischen und die Kerne beim Essen ausspucken.)

3 Die Kirschen unter den Reis in der Form mischen. Die Kokos- oder Schokoraspel aufstreuen. Margarine in kleine Würfel schneiden und darüber verteilen. Den Reis wieder in den Ofen stellen und noch ca. 25 Minuten weiter backen, bis er weich ist und die ganze Flüssigkeit aufgesogen hat. Kurz stehen, dann schmecken lassen.

TIPP

Die Kirschsaison dauert leider nicht besonders lang. In der übrigen Zeit des Jahres schmeckt der Milchreis zum Glück auch mit anderen Früchten: Einfach mal mit Zwetschgen, Äpfeln, Aprikosen oder Pfirsichen oder auch Mango probieren! Und beim Getreide ist ebenfalls Spielraum: Quinoa ist fein, aber auch Hirse oder Buchweizen sind schön aromatisch und gesund dazu!

Schnelle Schokocreme

Ein süß-herbes Naschvergnügen

Zutaten für 4 Personen:
100 g vegane dunkle Schokolade
200 g Sojasahne zum Schlagen (gut gekühlt)
2 Pck. Vanillezucker
1 Pck. Sahnesteif
1 kräftige Prise Zimtpulver
4 EL Mandelblättchen
2 TL brauner Zucker
1 Handvoll Himbeeren

Zubereitungszeit: 25 Minuten
+ 1 Stunde Kühlen
Kalorien pro Portion: 415 kcal

1 Die Schokolade in Stücke brechen und in einem hitzebeständigen Becher in einen kleinen Topf stellen. Zur Hälfte der Becherhöhe heißes Wasser in den Topf gießen und erwärmen. Dabei immer wieder die Schokolade durchrühren, sodass sie gleichmäßig schmilzt.

2 Die Sojasahne in einem hohen Rührbecher mit den Schneebesen des Handrührgeräts ca. 1 Minute lang auf höchster Stufte schlagen. Dann Vanillezucker und das Sahnesteif dazugeben und weiterschlagen, bis die Sojasahne aufgeht und dicklich ist. (So steif wie herkömmliche Sahne wird sie allerdings nicht.) In eine Schüssel umfüllen. Die Schokolade und den Zimt dazugeben und alles mit dem Schneebesen locker mischen.

3 Die Schokocreme auf Dessertschälchen verteilen und ca. 1 Stunde in den Kühlschrank stellen.

4 Zum Servieren Mandelblättchen mit dem braunen Zucker in einer Pfanne bei mittlerer Hitze goldbraun rösten, herausnehmen. Die Himbeeren verlesen, vorsichtig kalt abbrausen, trocken tupfen und mit den Mandeln auf der Creme verteilen. Gleich schmecken lassen.

TIPP

Die schnelle Schokocreme schmeckt nicht nur mit Himbeeren, sondern auch mit Kirschen, Weintrauben, Aprikosen- oder Pfirsichschnitzen sehr gut. Unbedingt mal probieren!

Rote Grütze

Klassiker aus Norddeutschland – von Haus aus vegan

Zutaten für 4 Personen:
750 g gemischte rote Beeren (z. B. Johannisbeeren, Erdbeeren und Himbeeren)
150 ml roter Fruchtsaft oder Weißwein
100 g Zucker
60 g Speisestärke
50 g helles Mandelmus
40 ml Mandeldrink

Zubereitungszeit: 35 Minuten
+ mind. 4 Stunden Kühlen
Kalorien pro Portion: 340 kcal

1 Die Beeren vorsichtig abbrausen und trocken tupfen. Die Johannisbeeren von den Stielen streifen, die Erdbeeren klein würfeln, die Himbeeren ganz lassen.

2 Die Beeren mit Saft oder Wein und dem Zucker in einem Topf mischen und zum Kochen bringen. Bei mittlerer Hitze ca. 5 Minuten leicht köcheln lassen.

3 Die Stärke mit 5 EL kaltem Wasser glatt verrühren. Stärke unter ständigem Rühren zur Beerenmischung gießen und einmal kräftig aufkochen lassen, bis das Ganze dickflüssiger wird.

4 Die rote Grütze in Schälchen oder Förmchen füllen, abkühlen und dann mind. 4 Stunden im Kühlschrank durchziehen und fest werden lassen.

5 Mandelmus mit dem Drink mit einem kleinen Schneebesen glatt verrühren. Zur Grütze servieren.

Variante: Traubengrütze

800 g Weintrauben (am besten grüne und blaue gemischt) waschen und von den Stielen zupfen. Trauben halbieren und entkernen (macht ein bisschen Mühe, lohnt sich aber!). Die Trauben mit 150 ml (halb)trockenem Weißwein und 100 g Zucker in einem Topf mischen und wie beschrieben ca. 5 Minuten köcheln lassen. 60 g Speisestärke mit 5 EL kaltem Wasser glatt verrühren und dann unter die Traubenmischung rühren. Alles aufkochen lassen, in Schälchen füllen und kalt stellen. Ohne Mandelcreme schmecken lassen.

Bratäpfel mit Vanillesauce

Was für die kalte Jahreszeit

Zutaten für 4 Personen:
Für die Bratäpfel:
4 große säuerliche Äpfel (z. B. Boskop)
50 g getrocknete Datteln oder Feigen
50 g gemahlene Haselnüsse oder Mandeln
2 EL Zucker
1 Prise Zimtpulver
2 EL vegane Margarine
Für die Vanillesauce:
½ l Reis- oder Haselnussdrink
60 g Vanillepuddingpulver
1 – 2 EL Rum (nach Belieben)

Zubereitungszeit: 25 Minuten
+ 35 Minuten Backen
Kalorien pro Portion: 380 kcal

1 Den Backofen auf 200 Grad vorheizen. Die Äpfel waschen und die Kerngehäuse entfernen. Es gibt dafür spezielle Apfelentkerner, mit denen man das Kernhaus aus der Mitte herausbohrt. Alternativ Kerngehäuse mit einem Messer mit langer dünner Klinge möglichst rund herausschneiden. Äpfel nebeneinander in eine feuerfeste Form setzen.

2 Für die Füllung Datteln entsteinen und fein schneiden. Oder die Feigen sehr klein würfeln. Datteln oder Feigen mit den Haselnüssen oder Mandeln, dem Zucker und dem Zimt verrühren und in die Aushöhlung der Äpfel füllen. Die Margarine in kleine Würfel schneiden und auf den Äpfeln verteilen. Die Äpfel im Ofen (Mitte) ca. 35 Minuten backen, bis sie weich und leicht gebräunt sind.

3 Etwa nach der Hälfte der Backzeit für die Sauce den Drink in einem Topf leicht erwärmen. Das Puddingpulver mit dem Schneebesen einrühren und die Sauce unter Rühren zum Kochen bringen. Die Sauce bei mittlerer Hitze 1 – 2 Minuten weiterrühren und erwärmen, bis sie dicklich wird. Wer mag, mischt jetzt auch den Rum unter und lässt die Sauce noch einmal kurz aufpuffen.

4 Die Vanillesauce in ein kleines Kännchen füllen und zu den heißen Bratäpfeln servieren.

Gratinierte Pfirsiche

Ganz einfach und so was von lecker

Zutaten für 4 Personen:
4 Pfirsiche (auch fein: Nektarinen)
½ Bio-Zitrone
100 g Walnüsse
2 EL Semmelbrösel
50 g Ahornsirup

Zubereitungszeit: 20 Minuten
+ 15 – 20 Minuten Backen
Kalorien pro Portion: 265 kcal

1 Den Backofen auf 200 Grad vorheizen. Die Pfirsiche waschen oder häuten: Dazu überbrüht man sie wie Tomaten mit kochend heißem Wasser, lässt sie kurz ziehen, schreckt sie mit kaltem Wasser ab und kann die Haut dann abziehen.

2 Die Pfirsiche halbieren und den Stein aus der Mitte jeweils herauslösen. Die Pfirsiche in dünne Scheiben schneiden und in eine feuerfeste Form legen.

3 Die Zitronenhälfte heiß waschen und abtrocknen, die Schale fein abreiben. Die Walnüsse fein hacken und mit Zitronenschale, Semmelbröseln und dem Ahornsirup verrühren. Diese Mischung auf den Pfirsichen verteilen.

4 Die Form in den im Ofen (Mitte) schieben. Die Pfirsiche 15 – 20 Minuten backen, bis die Oberfläche leicht gebräunt ist. Noch kurz stehen und ziehen, dann warm schmecken lassen.

Variante: Gratinierte Pfirsiche und Aprikosen mit Kokosraspeln

4 kleine Pfirsiche häuten, 4 fleischige Aprikosen waschen, beide Fruchtsorten halbieren und entsteinen. Pfirsich- und Aprikosenhälften mit den Schnittflächen nach oben nebeneinander in eine feuerfeste Form legen. 4 Datteln halbieren, entkernen, klein würfeln. Mit 75 g Kokosraspeln und 2 EL braunem Zucker vermischen und auf den Früchten verteilen. Wie beschrieben im Ofen backen.

Gebratene Bananen mit Zitronensauce

Blitzschnell gemacht

Zutaten für 4 Personen:
1 Bio-Zitrone
4 schön reife Bananen
2 EL vegane Margarine
1 EL brauner Zucker
50 g Ahornsirup
2 EL weißer Rum (nach Belieben)
Zitronenmelisseblättchen zum Garnieren

Zubereitungszeit: 20 Minuten
Kalorien pro Portion: 235 kcal

1 Die Zitrone heiß waschen und abtrocknen, die Schale fein abreiben und den Saft auspressen. Bananen schälen und der Länge nach halbieren.

2 Die Margarine und den Zucker in einer großen Pfanne schmelzen lassen. Die Bananen mit den Schnittflächen nach unten einlegen und bei mittlerer Hitze ca. 1 ½ Minuten braten. Vorsichtig wenden und noch mal so lange braten. Die Bananen aus der Pfanne nehmen und gleich auf Teller verteilen.

3 Den Ahornsirup mit Zitronenschale und -saft und eventuell dem Rum in die Pfanne geben und einmal aufkochen. Die Sauce auf den Bananen verteilen. Das Dessert mit Zitronenmelisseblättchen garnieren und gleich servieren.

Variante: In Folie gegrillte Schokobananen

4 schön reife Bananen mit der Schale waschen, längs einschneiden und aufklappen. Pro Banane 1 Riegel vegane dunkle Schokolade in Stücke brechen, mit 2 TL Ahornsirup mischen und in die Bananen geben. Die Bananen wieder zuklappen und einzeln in Alufolie wickeln (glänzende Seite nach innen). Bananenpäckchen auf den Grillrost legen und über der Glut ca. 15 Minuten grillen, bis das Fruchtfleisch weich und die Schokolade geschmolzen ist. Die Bananen auspacken und auf einen Teller legen. Das Fruchtfleisch mit der Schokolade aus den Schalen löffeln. Wer mag, serviert dazu veganes Eis (fertig gekauft).

Polentanocken mit Zwetschgenkompott

Was zum Sattessen

Zutaten für 4 Personen:
Für das Kompott:
800 g Zwetschgen
1/4 l trockener Rotwein oder ungesüßter roter Fruchtsaft (z. B. Traubensaft)
1 Stück Zimtstange (3 – 4 cm)
1 Nelke
60 g Zucker (+ eventuell noch etwas mehr zum Nachsüßen)
Für die Nocken:
1 l Reis- oder Mandeldrink
80 g brauner Zucker
1 Prise Salz
200 g Instant-Polenta (Maisgrieß)
50 g gehäutete Mandeln oder Haselnüsse
50 g vegane Margarine

Zubereitungszeit: 30 Minuten
+ 15 Minuten Backen
Kalorien pro Portion: 675 kcal

1 Fürs Kompott Zwetschgen waschen, halbieren und entsteinen. Wenn die Zwetschgen groß sind, die Hälfte noch mal durchschneiden, sonst ganz lassen.

2 Den Wein oder Saft mit Zimtstange, Nelke und dem Zucker in einem Topf erhitzen und 10 Minuten bei mittlere Hitze sprudelnd kochen lassen. Dann die Zwetschgen dazugeben und zugedeckt nur 2 – 3 Minuten im Sud kochen. Das Kompott in eine Schüssel umfüllen und abkühlen lassen.

3 Den Topf ausspülen. Für die Nocken den Drink mit 50 g Zucker und dem Salz in dem Topf zum Kochen bringen. Die Polenta einrieseln lassen und mit dem

Schneebesen gut unterrühren. Deckel auflegen und die Polenta bei schwacher Hitze ca. 5 Minuten quellen lassen, bis sie die Flüssigkeit komplett aufgesogen hat. Dann offen auf der abgeschalteten Herdplatte nachquellen und lauwarm werden lassen.

4 Backofen auf 220 Grad vorheizen. Von der Polenta nach und nach mit zwei Esslöffeln Nocken abstechen und nebeneinander in eine feuerfeste Form setzen.

5 Die Mandeln oder Haselnüsse fein hacken, mit übrigem Zucker mischen und auf die Polentanocken streuen. Die Margarine in kleine Stücke schneiden und daraufsetzen. Die Nocken im Ofen (Mitte) ca. 15 Minuten backen, bis sie leicht gebräunt sind.

6 Das Kompott abschmecken und wenn es nötig ist, noch leicht süßen. Die heißen Nocken mit dem kühlen Kompott schmecken lassen.

Süßkartoffelpuffer mit Exoten

Nach einer Suppe ideal

Zutaten für 4 Personen:
Für die Puffer:
2 Süßkartoffeln (ca. 400 g)
1 Bio-Limette
2 EL Zucker
1 geh. EL helles Weizen- oder Dinkelmehl
1 Prise Salz
1 kräftige Prise Chiliflocken (nach Belieben)
3 EL neutrales Öl
Für den Salat:
2 Maracujas (Passionsfrüchte)
1 Baby-Ananas
1 kleine Banane
1 Stück Honigmelone (ca. 250 g)
1 Bio-Limette
2 EL Kokossirup oder Agavendicksaft

Zubereitungszeit: 40 Minuten
Kalorien pro Portion: 390 kcal

1 Für die Puffer Süßkartoffeln schälen und auf der Rohkostreibe fein raspeln. Die Limette heiß abwaschen und abtrocknen, die Schale fein abreiben. Mit dem Zucker, dem Mehl, dem Salz und eventuell den Chiliflocken unter die Süßkartoffelraspel rühren.

2 Für den Salat Maracujas halbieren und das Fruchtfleisch samt der Kernchen mit einem Löffel aus den Schalen in eine Schüssel löffeln. Die Baby-Ananas vom Schopf und dem unteren Ende befreien, schälen und der Länge nach vierteln. Den harten Strunk aus der Mitte herausschneiden und die Ananas in nicht zu kleine Stücke schneiden. Die Banane schälen, in Scheiben schneiden. Aus der Melone die Kerne mitsamt dem weichen faserigen Fruchtfleisch mit dem Löffel herausschaben. Melone schälen und nicht zu klein würfeln.

3 Die Limette heiß waschen und abtrocknen, die Schale fein abreiben und den Saft auspressen. Den Limettensaft und die -schale mit dem Sirup oder Dicksaft zu den Maracujas in die Schüssel geben und gut verrühren. Die übrigen Früchte untermischen und den Salat abschmecken.

4 Das Öl auf zwei große beschichtete Pfannen verteilen und erhitzen. Von der Süßkartoffelmasse mit einem Esslöffel nach und nach kleine Portionen hineinsetzen, leicht flach drücken und dabei möglichst gleichmäßig formen. Puffer bei mittlerer Hitze ca. 5 Minuten braten, bis sie goldbraun sind. Dann vorsichtig wenden und noch mal so lange braten.

5 Gebratene Puffer auf einer Platte servieren oder gleich auf Teller verteilen. Den exotischen Fruchtsalat dazu essen.

Erdbeersorbet mit grünem Pfeffer

Grundrezept, das mit fast allen Früchten gelingt

Zutaten für 4 Personen:
150 g Zucker
150 ml trockener Weißwein (ersatzweise Wasser)
300 g Erdbeeren
1 TL grüne Pfefferkörner (frisch, sonst aus dem Glas und gut abgespült)
1 TL Zitronensaft
Zitronenmelisseblättchen zum Garnieren

Zubereitungszeit: 25 Minuten
+ 4 Stunden Tiefkühlen
Kalorien pro Portion: 200 kcal

1 Den Zucker mit Wein in einem Topf mischen und zum Kochen bringen. Das Ganze bei mittlerer bis starker Hitze ca. 5 Minuten kochen lassen, bis ein dickflüssiger Sirup entsteht. Vom Herd ziehen, lauwarm abkühlen lassen.

2 Inzwischen die Erdbeeren waschen, putzen und grob würfeln. Die grünen Pfefferkörner fein hacken.

3 Die Erdbeeren mit dem Sirup in der Küchenmaschine oder mit dem Pürierstab fein mixen. Pfeffer und Zitronensaft untermischen. Das Erdbeerpüree in eine Schüssel füllen und im Gefrierfach in ca. 4 Stunden fest werden lassen. Dabei zwischendurch immer wieder mal kräftig durchrühren, damit das Sorbet schön cremig wird und sich keine zu großen Eiskristalle bilden.

4 Das Sorbet ca. 5 Minuten vor dem Servieren aus dem Gefrierfach nehmen. Auf Schälchen oder Gläser verteilen und mit den Melisseblättchen garnieren.

TIPP

Die Grundlage für ein fruchtiges Sorbet ist immer Zuckersirup, bei den Früchten dagegen kann man ganz nach Angebot variieren. Himbeeren schmecken toll, aber auch Aprikosen, Pfirsiche, Kirschen und gegarter Rhabarber. Das Sorbet ist pur ein Gedicht, aber auch in einem Glas mit etwas Prosecco oder Sekt aufgefüllt.

Schokofrüchte

Nascherei für zwischendurch

Zutaten für 4 Personen:
200 g Erdbeeren
200 g Kirschen (mit Stiel)
1 Banane
1 Apfel
200 g vegane dunkle Schokolade
1 Pck. Vanillezucker
Zahnstocher zum Aufspießen

Zubereitungszeit: 20 Minuten
Kalorien pro Portion: 365 kcal

1 Die Erdbeeren waschen, die Kelchblätter dran lassen. Kirschen waschen, nicht entstielen. Die Banane schälen und in dicke Scheiben schneiden. Den Apfel vierteln, schälen, entkernen und in dicke Spalten schneiden.

2 Schokolade in Stücke brechen und mit dem Vanillezucker in eine hitzebeständige Tasse geben. In einen Topf mit heißem Wasser stellen. Wasser erhitzen (nicht kochen lassen!), die Schokolade unter Rühren schmelzen lassen.

3 Die Bananen- und die Apfelstücke auf Zahnstocher stecken, die Erdbeeren an den Kelchblättern, die Kirschen am Stiel halten: Die Früchte zur Hälfte in die Schokolade tauchen und dann auf Backpapier ablegen, Schokolade trocknen lassen. Die fertigen Schokofrüchte am besten gleich essen.

Variante: Schoko-Cranberry-Splitter

200 g vegane dunkle Schokolade in Stücke brechen, mit 2 Pck. Vanillezucker im Wasserbad schmelzen. 100 g Mandelstifte, 50 g getrocknete Cranberrys und 1 Prise Chiliflocken untermischen. Von der Masse mit zwei Teelöffeln Häufchen abnehmen und auf Backpapier trocknen lassen. Haltbarkeit: siehe unten.

TIPP

Länger aufbewahren lassen sich die Schokofrüchte, wenn man sie mit getrockneten, statt mit frischen Früchten zubereitet. Dann nach dem Trocknen einfach in eine Blechdose füllen. Haltbarkeit: bis zu 1 Monat. Besonders gut schmecken getrocknete Bananen und Mangos, Aprikosen und Zwetschgen.

Energiekugeln

Unbedingt Vorrat anlegen!

Zutaten für 25 – 30 Kugeln:
100 g getrocknete Feigen
100 g getrocknete Datteln
100 g getrocknete Aprikosen
1 Bio-Orange
2 EL Ahornsirup
100 g gemahlene Mandeln oder Haselnüsse
50 g Kokosraspel

Zubereitungszeit: 30 Minuten
+ 1 Stunde Ruhen
Kalorien pro Kugel (bei 30): 60 kcal

1 Die Feigen vom harten Stielende befreien, die Datteln längs aufschneiden und die Kerne herauslösen. Die Feigen, Datteln und Aprikosen klein würfeln.

2 Die Orange heiß waschen und abtrocknen, Schale fein abreiben und Saft auspressen. Beides mit den Trockenfrüchten mischen, abdecken und ca. 1 Stunde ziehen lassen.

3 Dann die Fruchtmischung mit dem Ahornsirup fein pürieren. Mandeln oder Haselnüsse untermischen, bis eine formbare Masse entsteht.

4 Aus der Fruchtmasse ungefähr walnussgroße Kugeln formen. Kokosraspel in einen tiefen Teller geben. Die Energiekugeln darin wälzen, bis sie rundherum von Kokosraspeln überzogen sind. Am besten im Kühlschrank aufheben. Dort halten sie sich 1 Woche (sollten sie nicht vorher schon vernascht worden sein.)

TIPP

Statt der genannten Früchte schmecken auch getrocknete Bananen und andere exotische Früchte. In dem Fall Orangenschale durch Limettenschale ersetzen und die Nüsse durch Kokosraspel.

Rezeptregister von A – Z

Impressum

Cornelia Schinharl: Unsere bewährte Basic-Autorin kommt auch beim Thema Vegan voll in Fahrt – und überrascht hier erneut mit erstaunlich unkomplizierten Köstlichkeiten. Für ihre Bücher hat die reiselustige Food-Journalistin und erfolgreiche Kochbuchautorin bereits zahlreiche Auszeichnungen bekommen.
c.schinharl@bluewin.ch

Sabine Sälzer	Projektleitung & Bildredaktion
engels + partner GbR, Thomas Jankovic	Gestaltung & Layout, Cover, alle Illustrationen
Redaktionsbüro Christina Kempe	Lektorat, Satz/DTP, Gestaltung
Alexander Walter	Food- & People-fotografie
Sven Dittmann	Food & Styling
Maria Gilg	Styling & Requisite
Susanne Mühldorfer	Herstellung
Petra Bachmann	Schlusskorrektur
Repro	Repro Ludwig, Zell am See
Druck & Bindung	Printer Trent s.r.l., Trento

Bildnachweis:

Alexander Walter: Food- und Peoplefotos
Autorenfoto: privat

Thomas Jankovic (engels + partner GbR): alle Illustrationen

Syndication: www.jalag-syndication.de

Herzlichen Dank an die Vegan-Basic-Models:

Maria Gilg und Sven Dittmann

Ein besonderes Dankeschön ...

geht an die Firma Vita-Mix GmbH für die Bereitstellung des Vitamix Professional Series 750 in diesem Buch.
www.vitamix.de

Umwelthinweis:
Dieses Buch ist auf PEFC-zertifiziertem Papier aus nachhaltiger Waldwirtschaft gedruckt.

ISBN 978-3-8338-4311-2

1. Auflage 2015

Backofenhinweis:
Die Backzeiten können je nach Herd variieren. Die Temperaturangaben in unseren Rezepten beziehen sich auf das Backen im Elektroherd mit Ober- und Unterhitze und können bei Gasherden oder Backen mit Umluft abweichen. Details entnehmen Sie bitte Ihrer Gebrauchsanleitung.

QUALITÄTS G|U GARANTIE

Liebe Leserin, lieber Leser,

haben wir Ihre Erwartungen erfüllt? Sind Sie mit diesem Buch zufrieden? Haben Sie weitere Fragen zu diesem Thema? Wir freuen uns auf Ihre Rückmeldung, auf Lob, Kritik und Anregungen, damit wir für Sie immer besser werden können.

GRÄFE UND UNZER Verlag
Leserservice
Postfach 86 03 13
81630 München
E-Mail:
leserservice@graefe-und-unzer.de

Telefon: 00800 / 72 37 33 33*
Telefax: 00800 / 50 12 05 44*
Mo–Do: 8.00–18.00 Uhr
Fr: 8.00–16.00 Uhr
(gebührenfrei in D, A, CH)*

Ihr GRÄFE UND UNZER Verlag
Der erste Ratgeberverlag – seit 1722.

www.facebook.com/gu.verlag

GRÄFE UND UNZER

Ein Unternehmen der
GANSKE VERLAGSGRUPPE

Der gute Tausch

Lieblingsrezepte aus der vorveganen Vergangenheit, die man sich auch heute noch gerne schmecken lassen möchte, brauchen dafür manchmal nur ein paar andere Zutaten. Hier sind die wichtigsten Tauschpartner!

Wir nehmen statt …

… Butter: **vegane Pflanzenmargarine** (die Zutatenliste studieren) fürs Brot und **Öl** zum Braten.

… Ei: 2 TL **Soja-** oder **Lupinenmehl,** mit 2 EL Wasser angerührt. Oder **Ei-Ersatz-Pulver** aus dem Bioladen (nach Gebrauchsanleitung verwenden).

… Gelatine: Johannisbrotkernmehl, Pfeilwurzelstärke oder Guarkernmehl. **Johannisbrotkernmehl** wird aus den Früchten des Johannisbrotbaumes hergestellt. Das Pulver ist ein Mehrfachzucker, der nur teilweise verdaut werden kann und deshalb als Ballaststoff gilt. Johannisbrotkernmehl enthält Eiweiß, Pflanzenfarbstoffe (Flavonoide) und Spuren von Mineralstoffen. Es kann die 80–100fache Menge an Flüssigkeit binden, ist also fünfmal so quellfähig wie Stärke. Es wirkt auch in kalten Flüssigkeiten – einfach nur unterrühren. Johannisbrotkernmehl wird deshalb sehr gern von der Lebensmittelindustrie verwendet und verbirgt sich auf der Zutatenliste hinter E410. Für ½ l Flüssigkeit oder 500 g Creme braucht es ca. 1 gestr. TL Johannisbrotkernmehl. Die **Pfeilwurzelstärke** wird aus Wurzeln und Knollen der in tropischen Gegenden wachsenden Pfeilwurzpflanze gewonnen und benötigt ebenfalls keine Hitze, um optimal wirken zu können. Einfach nur unterrühren oder leicht erwärmen. Für ½ l Flüssigkeit oder 500 g Creme braucht es ca. 1 gestr. TL Pfeilwurzelstärke.

Guarkernmehl besteht aus den Samen der indischen Guarpflanze. Das weiße bis schwach gelbliche Pulver kann gleicherweise kalt angerührt werden und ist wie Johannisbrotkernmehl in der Lebensmittelindustrie recht beliebt. Auf der Zutatenliste ist es mit E412 angegeben.

… Joghurt: **Sojaghurt** aus Soja und eventuell noch ein wenig Zitronensaft für mehr Säure.

… Honig: Ahornsirup, Agavendicksaft, Apfel- oder Birnendicksaft, Zucker. Zur Gewinnung von **Ahornsirup** werden Zucker-Ahornbäume angebohrt und der auslaufende Saft aufgefangen. Durch Einkochen wird Sirup daraus. Ahornsirup bekommt man hell und mild oder dunkel und würzig. **Agavendicksaft** wird aus dem Saft der Agave durch Einkochen gewonnen. Er ist süßer als Honig und eher mild: je heller desto milder. **Apfel-** und **Birnendicksaft** wird ebenfalls durch Einkochen vom Saft gewonnen. Inhaltsstoffe haben beide nicht mehr viele, aber eine Menge Aroma! Beim **Zucker** hat man die Wahl zwischen weißem und braunem Zucker. Hinter dem braunen verbergen sich Farinzucker aus karamellhaltigem Zuckersirup, Rohzucker mit Melasseresten im Zuckersaft und Voll(rohr)zucker aus dem eingedickten Saft von Zuckerrübe oder -rohr. Fast alle braunen Zuckerarten sind etwas gröber und lösen sich weniger schnell auf als weißer Zucker. Und gesünder sind sie übrigens auch nicht! Aber eine leichte Karamellnote steuern sie auf jeden Fall bei.

… Milch: **Sojadrink, Reisdrink, Reis-Kokos-Drink, Hafer-, Dinkel-, Mandel-** und **Haselnussdrink** eignen sich alle. Unser Favorit: **Reis-Kokos-Drink.**